발명의 시작과 끝은
비즈니스

기업인, 직장인에게는 발명 비즈니스, 혁신능력향상
학생들에게는 창의력

발명의 시작과 끝은
비즈니스

도서출판 위

들 어 가 며

　본책의 내용은 저자가 20여년 동안 지식재산 서비스 업무에 종사하면서 실제 겪은 경험과 실전을 기반으로 하여 쓴 내용입니다.

　한국의 지적재산권 출원 건수는 세계 5위 안에 들고 있다. 그렇지만, 우리는 1년에 수십조의 로열티를 외국에 지급하고 있다. 한국에서 발명으로 비즈니스에서 크게 성공하는 사람도 흔하지 않다. 우리는 왜 페이스북 저커버그와 같은 창업부자가 없을까? 애플의 스티브 잡스와 같은 창업부자가 없을까?

　우리나라에도 수많은 발명가들이 있다. 기업에서도 수많은 혁신적 발명들을 한다. 개인들을 대상으로 하는 수많은 아이디어 발명경진대회도 있다. 기업에서는 수시로 직원들을 상대로 하여 혁신아이디어 공모를 하고 직무발명을 지원 육성하고 있다.

　그런데, 왜 우리나라에는 발명 창업부자가 많지 않을까. 왜 국내기업들은 천문학적 로열티를 지급하고 있을까?

　그 이유를 이 책을 통하여 설명드리고자 합니다. 발명 비즈니스의 방향을 제시하고자 합니다.

또한, 발명을 통하여 개인이 창업부자가 되기 위한조건은 무엇이 있는지 알아 보겠습니다. 기업은 어떤 발명으로 경영전략을 짜야 하는지 알아 보겠습니다.

최근 경제난 극복의 돌파구는 혁신이라고 합니다. 혁신과 창조의 결과물은 발명입니다. 개인이 발명 비즈니스로 창업 부자가 되고, 기업이 성공하는 발명 TIP 을 Ⅱ편에서 설명 드립니다.

한편, Ⅰ 편에서는 발명에 대한 인문한적 해석을 통하여 발명의 구미를 당겨봅니다. 마지막 Ⅲ 편에서는 흔히들 접하는 지식재산 관련 질의응답사례들입니다. 책꽂이에 보관하시면서 의문점이 생길 때 참조가 되실 것으로 사료됩니다.

여러분들이 발명 비즈니스로 창업 부자가 되기를 바랍니다.

참고로, 책의 내용은 저자의 칼럼 중 뉴스메이커, 헤럴드뉴스, 일요경제시사, 이코노미time21에 개재된 내용과, 저자가 직접 운영중인 NAVER 및 DAUM 의 4개의 블로그 및 2개 카페, 지식인의 본인 작성글 들을 기반으로 하였습니다.

c o n t e n t s

1. 발명과 인간의 관계

*작가의 신문,잡지 칼럼을 기초로 하였다.

2. 백만불 짜리 발명 TIP

1. 발명 아이디어 개발 KNOW-HOW 공개
– 발명 아이디어로 사업화 성공하는 비결
– 발명 대박 성공확률 높이는 노하우 공개
– 대기업이 사는 발명, 로열티를 만들어내는 발명은 어떤 발명 일까?
– 투자유치가 쉽게 잘되는 발명은?
– 발명 아이디어 회의는 어떻게해야 할까요
– 발명하는 방법에 대하여 알아 보겠습니다.
– 시제품은 개인 발명가의 가장큰 함정인가?
– 발명 후 대기업에 투자요청이나 특허권 구매요청하는 것은 가능성이 있을까요
– 대기업이 쉽게 사는 발명, 투자유치가 쉽게 잘되는 발명은?
– 나도 로열티 받는 특허괴물이 될 수 있을까?
– 정부 R&D 사업과 관련 된 발명 TIP

2. 발명 경진대회 사례와 수상케이스
– 아이디어 공모전 신청, 발명아이디어경진대회, 발명품계획서, 발명경진대회, 발명숙제 작성하는
   요령을 다음과 같이 정리드립니다.
– 과학원리 용한 발명경진대회 출품 사례
– 실생활 불편 해소한 발명경진대회 출품사례

3. 발명 선행기술조사가 중요하다
– 발명이 떠 올랐을 때 즉시해야 하는 것은?
– 특허 선행기술 조사 방법에 대하여 알아 보겠습니다.
– 종래에 발명이 있는지 선행기술조사를 해야 하는 이유에 대하여 알아 보겠습니다.
– 선행기술조사는 발명이 특허등록되는 과정에서 어떤 영향을 미치게 될까?

3. 발명관련 지식재산 Q&A 들 모음

- 발명이 특허로 등록이 된 경우, 활용하는 방안이나 계약은 어떤 것이?
- 발명 특허침해 경고장을 받았습니다
- 제품을 tv 쇼에 공개할려고 하는데요
- 구성요소를 등록된 특허에 추가하거나 청구항을 추가할 수 있나요?
- 특허침해에 대한 경고장의 일반적인 서식을 알 수 있을까요?
- 특허권을 구매하거나 또는 실시권을 가져올려고 합니다
- 발명의 특허 청구항이 몇개가 적당할까요?
- 심판이나 소송 전에 부담 없이 경쟁사의 특허권이 등록되지 못하게 하는 방안은?
- OFF 라인에서 사람과 사람들이 서로 비즈니스 하는 방법도 발명특허가 될수 있나요?
- 연필 뒤에 지우개를 달아서 지우개의 이동편리성 및 보관의 편리성, 사용의 편리성을 더 한 발명, 회피설계가 가능할까요?
- 발명이 특허된 경우, 특허를 피해서 이 시장에 들어가고 싶습니다.
- 제조공정이나 제조방법 적인 특허도 보호가 되나요?
- 실수, 부주의로 특허출원하기 전에 특허 시제품을 일반에 공개, 등록후에 경쟁사가 문제 삼을 수 있나요?
- 발명이 특허된 후에 침해품이 발생했을 경우에, 특허침해 판단하는 절차가 나와 있는 서식을 볼 수 있나요?

* 작가가 실제로 지식인에서 10여년간 질의응답한 사례중에서 소개할 만한 사항을 정리하였으며, 질문사항은 새로 작성 하였으며, 답변내용은 작가가 작성한 내용대로이다.

* 부록 : 저자의 4차산업 발명 사례를 통하여 IT, 4차산업 발명 방법에 대하여 쉽게 알수 있도록 SAM-PLE 제공함.

1

발명과
인간의 관계

발명이 인간의 역사 속에서 어떻게 작용했는지를 몇가지 발명품과 인간의
관계를 살펴봄으로서 발명이 인간의 본능적이면서도 필연적이라는 것을
생각해 본다.

1

에디슨은 새로운 것을 발명하지 않았다.

인류가 지구상에서 발명을 하기 시작한 것은 언제부터 일까.

아마도 현생인류에 해당하는 호모사피엔스 등장시기라고 할 수 있을 것이다. 약 3만년전 등장한 호모사피엔스는 단순한 돌도끼를 개량하여 당시로서는 세련된 사냥도구 창을 발명하게 된다. 인류와 동물의 차이점 중 하나는 도구를 만들 줄 안다는 것이다. 즉 발명을 할 줄 안다는 것이다. 호모사피엔스 이후로도 인류는 수많은 발명들을 하였다. 현재의 화려한 21세기 문명은 그러한 발명들의 결과물일 것이다. 지금도 인류는 끊임없는 발명을 하고 있고, 앞으로도 계속될 것이다.

현생인류 중 가장 위대한 발명가를 꼽으라면 토머스 에디슨일 것이다.

에디슨은 1847년 태어나서 1931년 사망하기 까지 1,000여개 이상의 발명을 하였고, 그 가 사망한지 100여년이 되어가고 있지만 우리는 아직도 그가 발명한 발명품들을 사용하고 있다. 대표적으로 백열전구가 있다. 최근 led 조명으로 교체되고 있지만 사실 그 원리를 보면 기본적으로 금속에서 빛을 내는 것으로 기본원리가 다르지는 않다. 그런데 에디슨은 백열전구를 최초로 발명한 사람은 아니다. 이미 백열전구 기술은 개발되어 있었다. 에디슨은 그것을 개량하여 좀 더 효과적인 백열전구를 발명한 것이다. 에디슨 발명은 상당수가 종래의 것을 개량하여 상업화에 성공한 것들이다. 에디슨은 발명가 이전에 비즈니스 감각이 뛰어난 사람이었다. 그의 비즈니스 감각은 어떻게 생긴 것일까. 바로, 어린 시절 기차간에서 신문을 팔고 장사를 해본 경험이 그의 비즈니스 감각을 키워 주었다고 할 수 있다. 에디슨이 그의 친구들처럼 정상적인 학교생활을 하고 대학을 다녔다면, 비즈니스 마인드는 생기지 않았을 것이다.

에디슨은 우리에게 세 가지 정도의 메시지를 주고 있다.

하나는, 발명은 꼭 최초의 것이 아니어도 된다는 것이다. 즉, 과거에 기술을 잘 조합하여 효과를 발전시킴으로서 오히려 위대한 발명을 할 수 있다는 것이다. 최근의 스마트폰 기술을 보아도 마찬가지이다. 스마트폰은 이미 존재하는 전기전자 기술들을 조합하여 만든 것이지만 상업적으로 큰 성공을 거두었다. 세상을 바꾸어 놓았다고 해도 과언이 아니다.

둘은, 발명으로 성공하려면 비즈니스 마인드가 있어야 한다는 것이다. 특히, 기업의 입장에서 그렇다. 비즈니스 마인드는 무엇인가? 그 발명품이 시장에서 팔릴 수 있는 물건인지를 예측하는 것이다. 그 발명품이 소비자들에게 필요한 물건인지를 예측하는 것이다. 그 발명품을 팔아서 영업이익이 날수 있는지를 예측하는 것이다. 그 발명품의 시장규모는 얼마인지 예측하는 것이다.

셋은, 에디슨은 수많은 기계,전기 제품을 만들었지만, 정규 학교를 다니지 않았다는 것이다. 아이러니 하게도 기계공학을 전공한 사람은 기계관련 발명을 하기에는 적합하지 않다. 인간이 만들어 놓은 공학의 틀을 벗어나기 힘들기 때문이다. 예를 들어서 두 개의 물체를 회전시키는 수단을 연구하라고 하면, 기계공학을 전공한 사람은 기계요소중 하나인 기어나 체인을 생각하게 된다. 반면, 인문학을 전공한 사람은 상상 속에 새로운 요소를 구상하게 된다. 그런 관점에서, 우리 교육이 틀에 갇혀있는 정답을 요구하는 문제풀이 방식을 고집하고 있다는 것은 아쉬운 점이다.

20년 후 호모사피엔스는 어떤 발명을 누리며 살고 있을까?

 유일한 교통수단이었던 내연기관 자동차가 박물관 속으로 들어갈 날도 얼마 남지 않았다. 새로운 것과 이미 있는 것을 조합해보자. 기업들은 틀을 깨야 한다. 예를 들어, 전기자동차의 시대는 잠시 유행처럼 지나갈 수 있다. 최근 기술발전 속도가 기하급수적으로 빨라지고 있기 때문이다. 전기 자동차 시대를 뛰어 넘어 날아다니는 자동차 시대가 멀지 않아 도래하게 될 것이다. 탄소섬유 등 소재기술의 발전으로 자동차의 중량이 1/5 가까이 가벼워지면서 날아다니는 자동차의 상업화는 급속히 진행될 것이다.

 혁신적 창조적 발명만이 기업이 앞으로 갈수 있는 가장 강력한 동력이며, 일자리를 창출할 수 있는 가장 효과적인 방법이다. 호모사피엔스의 발명유전자를 작동시켜보자. 누구에게나 호모사피엔스의 발명유전자는 있다.

2

위대한 발명은 불가능한
도전의 결과물이다.

인류는 지구상에서 수많은 발명을 했다

20만년 전 동아프리카에서 호모사피엔스가 진화되었다. 이후 20만년 동안 인류가 발명한 것은 겨우, 돌도끼, 창, 활, 불사용법이 전부였다. 발명이 본격적으로 시작된 것은 언제부터 일까? 1만년전 고대 농업혁명 이후라고 보아야 할 것이다. 1만년 전 이전 인류의 직업은 수렵과 채집이었다. 산과 들을 떠돌아다니며 먹을 것을 찾아야 했다. 수렵채집 인류에게 한가한 창작의 시간은 주어지지는 않았다. 이런 인류에게 농업혁명은 우연하게 시작되었다. 밀을 채집하여 한곳에 모아 타작을 했는데, 다음 해에 그곳에서 밀이 무성하게 자라 있는 것이었다. 타작 과정에서 밀씨가 주변에 떨어진 것이다. 그렇게 농업혁명은 우연하게 시작되었고, 채집생활을 벗어나 한곳에서 농사를 짓게 되었다.

농업으로 생긴 잉여식량은 인류에게 창작의 시간을 주었다. 또한, 농업을 하게 되면서 경작하고 추수하고 타작하는 과정에 기구가 필요했다. 당장 농업에 필요한 발명을 하게 된다. 가축을 농업에 이용하는 기술도 익히게 된다. 이런 발명은 시작에 불과했다. 수없이 많은 발명을 했다. 아이러니하게도 인류 문명의 굵직한 발명은 우연하거나 불가능한 도전의 결과물이었다. 그 사례를 보도록 하자

먼저 불가능한 도전의 결과를 보자

9세기경 중국에서는 화약이 발명된다. 화약은 영생을 누리고자하는 욕심을 채우고자하는 불가능한 도전에서 시작되었다. 연금술사들의 시도였다. 시도는 무모했지만 결과는 나쁘지 않았다. 화약을 발명하게 된다. 화약이 발명되고 나서 수세기 동안 화약은 겨우 축제 때 쓰이는 폭죽으로 사용되었다. 15세기에 들어서 화포를 만들면서 전쟁무기로 사용되기 시작한 것이다.

물론, 그 쓰임새가 전쟁인 것은 씁쓸한 일이다. 화포의 발달은 인류의 전쟁스타일을 완전히 바꾸어 놓았다. 성벽 위주의 공성전 전투가 사라진 것이다. 돌로 쌓은 성은 대형 화포 한방이면 무너지기 때문이다. 그 결과로 성위

주로 모여 살던 도시 형태가 드넓은 들판으로 퍼져 나가면서 도시의 형태도 다양 해졌다. 화약의 발명은 인류의 도시 형태까지 변천시켰다.

다음으로 우연한 발명의 경우를 보자.

나일론(Nylon) 발명이 대표적인 케이스로 볼 수 있다. 발명자는 뒤퐁 (Du Pont) 사 중앙연구소 연구부장 윌리스 흄 캐러더스다(Wallace Hume Carothers; 1896-1937). 고분자 관련한 시험도중 실험에 실패한 찌꺼기를 청소하기 위해 가열을 하게 된다. 그 찌꺼기를 도구로 건드려 보니 찌꺼기 가 실처럼 늘어나는 것이었다.

이를 본 캐러더스는 본격적인 인공섬유 개발을 하여 오늘날의 나일론을 완성하게 된다. 나일론은 오늘날 대기업 듀퐁이 있게 한 거대 발명이었다. 처음 만든 것이 칫솔, 스타킹 이었다. 하루 400만개가 팔려나갈 정도록 상 업적으로 성공한 발명이었다. 현재는 나일론은 들어가지 않는 공업제품이 별로 없다고 할 정도로 널리 퍼저 있는 물질이 되었다.

그렇다면 이런 위대한 발명에 기법이란 것이 있을 수 있을까

사실 발명은 기법이 있을 수 없다. 인류역사에서 보듯 '도전'이 가장 좋 은 발명기법 이긴 하다.

그래도 발명의 기법은 일부 있다. 몇가지 소개해 본다.

우선, 기존에 어떤 기술들이 있는지 사전에 조사를 하면 도움이 된다.

어떤 발명들이 있었는지는 얼마든지 무료로 쉽게 검색할 수 있다. 인터넷에서 특허검색 사이트를 검색해보면 무료 검색사이트가 각국별로 운영되고 있다. 요즘에는 자동으로 기계번역 서비스까지 제공되고 있다. 영어, 일본어 몰라도 검색이 가능하다.

둘째, 종래에 있는 발명들을 바꾸어 보자.

무엇을 바꾸어야 할까. 재질, 구조, 제조방법 등이 대표적이다.

작은 것을 바꾸어서 큰 효과가 있으면 좋은 발명이다. 주전자 뚜껑에 구멍을 뚫어서 물이 끓어도 뚜껑이 열리지 않도록 한 것은 대표적이다.

셋째, 종래의 기술에 새로운 것을 첨가 해보자

첨가에는 어떤 것이 있을까. 탱크는 첨가한 경우이다. 교통수단에 포를 탑재 첨가한 것이다.

넷째, 종래의 기술들을 조합해보자.

대표적으로 스마트폰이다. 스마트폰 기술 중에서 이전에 없던 기술들은 별로 없다. 이전에 전기전자 기술들을 작은 화면에 조합하여 넣은 것이다. 상업적으로 대 성공을 했고, 세상을 완전히 바꾸어 놓았다.

이렇게 몇 가지를 소개해 보았지만, 그래도 발명의 가장 좋은 기법은 과감한 '도전'과 '시도' 일 것이다. 4차 산업이 화두인 시대에는 좋은 발명 한 개가 수십만 개의 일자리를 만들어 낸다. 좋은 발명은 경제와 국가를 견인한다. 한국에 스티브잡스, 한국에 에디슨이 나오기를 기대해 본다.

3

발명, 인간의 직업을
빼앗고 새로운 산업을
선물하다

발명은 인간에게 실업에 대한 대한 공포를 제공했다

4차 산업혁명이 요즘 핫 이슈다. 그 중 당연 인공지능(AI, artificial intel-ligence)기술은 그 중심에 서 있다. 인류는 인공지능이 빼앗아 갈 일자리를 걱정하고 있다. 실업에 대한 공포이다. 인류는 18세기 산업혁명 이후 끝없이 일자리를 발명품에 양보해 왔다. 그때 마다 인간은 불안해 했고, 수많은 사람이 일자리를 잃었다. 인류의 역사를 보자. 발명품에 밀려난 인간이 영구적 실업자로 살아간 적이 있었는가? 우리는 어쩌면 학습된 공포를 느끼고 있는 것은 아닐까? 발명품과 인간의 일자리 다툼 역사를 되짚어 보자.

방직기 발명품이 수천만 명의 일자리를 빼앗아 갔다

18세기 이전에 인류는 섬유를 만들기 위해서 간단한 도구를 이용 했다. 많은 시간과 인력이 필요했다. 그러다 보니 섬유는 화폐수단으로 통용되었다. 금보다도 더 유통성이 좋은 화폐였다. 섬유에 대한 인류의 대접은 방직기가 만들어지면서 다소 하락했다. 공장에서 방직기 한 대가 수백명의 인부가 해야 하는 일을 대신했다. 방직기 발명이 인류의 수만년된 길쌈, 베짜기와 같은 일자리를 빼앗아간 것이다. 대량생산으로 섬유의 가격은 하락했지만 섬유의 종류는 다양해졌고, 관련 산업도 생겼다. 섬유가 다양하고 저렴하다 보니, 인류는 색다르고 다양한 옷을 만들어 보기 시작했다. 패션산업이 생긴 것이다. 또 단순한 가내수공업의 범위를 벗어나 섬유 산업이 생긴 것이다. 방직기는 인류의 가내수공업 일자리를 빼앗아 가는 대신, 섬유산업과 패션산업을 선물 했다. 현재를 보자. 패션 관련 산업은 수많은 일자리를 창출했다. 섬유기계산업, 섬유유통, 의류 액세서리 제조 등 다양한 일자리를 창출했다. 방직기가 빼앗아간 일자리보다 더 많은 일자리를 만들어 내었다. 한국고용연구원 통계자료에 따르면 국내 섬유관련 제조업에만 2013년 기준 30만명이 근무하고 있다고 한다. 여기에 관련 유통, 패션, 디자인 등을 합한다면 100 만명에 육박할 것으로 추정된다. 방직기 발명품은 인류의 가내공업 일자리를 패(閉)하고 다양한 새로운 산업을 선물했다. 더 많은 일자리를 제공 했다.

컴퓨터 발명품 계산원 일자리를 빼앗아 가다.

　386세대라면 초등학교 때 주산을 공부한 적이 있을 것이다. 주산을 잘하면 좋은 은행에 취직할 수 있었다. 주산을 잘하는 것은 인간의 대단한 재능이었다. 어느 날 컴퓨터란 놈이 나왔다. 또한, 반도체칩이 들어간 중국산 계산기를 노점상에서 겨우 만원이면 쉽게 살수 있게 되었다. 사무실 책상위엔 흔한 계산기 한 개 쯤은 놓여 있다. 요즘엔 스마트폰에 계산기 기능이 있어서 이마저도 없어도 된다. 학교 다닐 때 천재들이나 할 수 있는 계산을 만원짜리가 쉽게 척척 해내고 있는 것이다. 컴퓨터란 놈의 발명 때문이다. 이젠 계산원이란 단어 조차 사전에서만 볼 수 있는 일자리가 되었다. 컴퓨터는 또 하나의 일자리를 빼앗아 갔다. 바로 타이피스트란 일자리 이다. 타이핑이 빠르면 취직에 도움이 되었다. 20년 전 상업고등학교에서 한타 영타 시험을 보았다. 70~80년대에 상고를 졸업한 사람이라면 오탈자가 나서 선생님에게 손 등을 맞아본 기억이 날 것이다. 이제 타이피스트란 직업도 사전에 만 볼 수 있는 직업이다. 컴퓨터는 타이피스트란 직업도 인정사정 주지 않고 빼앗아 갔다.

　그럼 보자. 컴퓨터란 발명품은 우리에게 어떤 산업과 일자리를 제공했는지. 한국에서 컴퓨터산업이 없다면 대한민국 경제가 지탱되어질 수 있었을까? 생각할 수도 없는 일이다. 컴퓨터가 보급되지 시작했을 때, 인류는 일자리를 컴퓨터가 모두 빼앗아 갈 것이라고 했다. 지름 우리는 어떠한가. 컴퓨터란 발명품은 반도체산업, 디스플레이산업, 통신산업, 관련장치산업,

스마트폰 산업, 관련유통업 등등 이루 헤아릴 수 없이 많은 산업을 만들어 내었다. 그 산업에 고용된 인원수를 생각해 보자. 컴퓨터가 빼앗아간 타이피스트 일자리와 계산원 등의 일자리 수 보다 더 많은 일자리가 만들어졌다는데 의심의 여지가 없다.

AI와 같은 소위 4차산업 관련 발명품은 인류의 일자리와 경쟁한다.

인공지능은 인류의 적지않은 일자리를 빼앗아 갈 것이다. 예를 들어, 인공지능으로 움직이는 자율형 차는 대리기사, 운전기사의 일자리를 빼앗을 것이다. 그러나 인류는 자율형차에 머무르지 않고 다양한 관련 산업을 만들어 나갈 것이다. 최근 인류는 자율형 스카이카(날으는자동차)를 개발하고 있다. 인공지능 스카이카는 부품수가 많다. "부품수가 많은 제품은 많은 일자리를 제공한다" 또한, 산업용 로봇, 가정용로봇, 전쟁로봇이 속속 등장할 것이다. 각종 반도체와 기계, 전기, 전자, 통신, 재료 등 첨단 부품의 결합체이다. 인공지능이 가져간 일자리보다 몇배 많은 일자리가 제공될 것이다.

"기술은 일반화 되기 마련이다" 기술이 일반화 되면 관련제품 역시 일반화 된다. 컴퓨터 기술이 일반화 되면서 컴퓨터가 가정마다 적어도 하나이상 있게 되지 않았는가. 로봇기술이 일반화되면 로봇제품은 우리 가정에 적어도 하나 이상 있게 될 것이다. 사무실에서도 거리에서도 로봇제품은 흔히 볼 수 있게 될 것이다. 그 많고 다양한 제품들을 생산하는 로봇산업에서 일하는 근로자는 몇 명이 될 까? 아마도 현재의 대리기사 인원수 보다 몇 배 많을 것이다. 왜냐하면 로봇 역시 부품수가 많기 때문이다. 참고로 현재 대리기사들의 활동인원수는 대략 전국적으로 10만명 정도 추정하고 있다.

산업혁명이후, 우리 인류는 발명품들에 의해 수없이 일자리를 빼앗겨 왔다.

그렇지만 인류는 그때마다 발명품에 대응되는 수없이 많은 산업군을 육성했다. 그 산업에서 생기는 또 다른 제품들은 우리에게 사라진 일자리보다 더 많은 일자리를 제공해 왔다. 4차 산업에서 생기는 발명품들이 우리의 직업을 위협하고 있는 것은 사실이다. 기업과 정부가 공격적으로 관련 산업을 육성한다면 위기가 기회가 될 것으로 믿는다.

4

4차산업 발명품,
인간존엄을 삼키다

발명, 호모사피엔스를 대체 할 수 있을까?

호모사피엔스에게 7만년전 우연한 유전자 돌연변이로 인지혁명이 일어났다. 보이지 않는 것에 대하여 상상하고 생각할 수 있는 능력이 생긴 것이다. 그때부터 인류는 생존에 필요한 발명을 하기 시작하였다. 때론 전쟁을 위해서 발명을 하기도 했다. 최근 시도되고 있는 발명은 이전의 발명들과는 다른 차원이다. 인간의 존재를 대신하는 발명이 시도되고 있는 것이다. 머지 않은 미래에 독신자들은 로봇 배우자를 구입하게 될 것이다. 퇴근하여 현관문을 열면 반갑게 인사하고 요리를 해주고 사랑하는 감정도 느낄

수 있는 인간과 같이 생각하는 감성로봇이 등장할 것이다. 현재 기술로 이런 로봇의 제조가 가능할까? 아직까지는 가능하지 않다는 것이 공학자들의 의견이다. 적지 않는 시간이 걸릴 것이라는 것도 대체적인 견해이다. 반도체 기술의 한계 때문이다.

실리콘 웨이퍼 기반 반도체 기술 한계에 이르다

반도체는 실리콘 기판 위에 만들어 진다. 인텔의 창업자 무어는 반도체의 집적도가 2년마다 2배로 증가할 것이라고 전망했고, 사람들은 "무어의 법칙" 이라고 칭했다. 이것은 40년간 유지되었다. 최근 반도체회로의 회로 선폭이 10나노에 이르고 있다. 회로선폭은 전기신호가 오가는 회로선 간의 간격을 말한다. 최근 무어의 법칙이 깨질 것이라고 생각하는 사람들은 적지 않다. 당분간은 지속될 것으로 예상된다. 실리콘 기판에서 대략 3나노~1나노 까지 집적도가 발전할 수 있을지도 모른다. 그렇지만, 인간의 감성과 창작능력을 가지기 위해서는 더 짧은 시간에 더 많은 신호를 주고 받아야 한다. 좁아진 패드 피치로 인한 신호간섭도 문제이다. 즉, 회로선과 회로선이 사실상 붙어있는 것처럼 촘촘하다 보니 자기장의 간섭이 생기는 것이다. 오동작의 원인이 된다.

인간의 뇌와 같은 감성과 창작 능력을 가지기 위해서는 현재의 집적도 보다 훨씬 집적도가 높은 반도체가 필요하다. 결국 새로운 재질의 반도체 기판이 필요하게 될 것이다. 그 것을 해결하는 데는 적지 않은 시간이 필요할 것이다. 그때 까지는 인간의 감성을 가지는 로봇은 등장하지 않을 것이다. 그러나, 인간은 머지 않아 인간의 감성을 가지는 로봇에 필요한 반도체 기판을 발명하고 상업화 할 것이다. 언제가 될지는 누구도 알수 없다. 결국 인간은 인간보다 수백배 똑똑하고 인간의 감성을 가진 로봇과 살아야 한다.

인간을 대체하는 로봇은 결국 등장할 것이다.

마을 동사무소는 무인으로 운영될 것이다. 한명 정도의 안내원이면 족할 것이다. 사이버 동사무소에서 모든 업무를 처리하게 될 것이다. 그런 측면에서 작은정부는 자연스럽게 실현될 것이다. 남자친구나 여자친구를 대신하는 로봇의 상업화로 독신자들이 증가할지도 모른다. 로봇은 생활비를 주지 않아도 불만이 없기 때문이다. 교회에서 설교하는 목사님보다 더 설교를 잘하는 로봇이 나올 수도 있다. 이런 일들이 일어나는 뒷 배경을 보면, 모두가 돈을 벌기 위한 상업화가 있다. 인간은 돈을 벌기 위해 끝없이 경쟁하면서 기술개발을 하고 신제품을 개발했다. 그 결과 이젠 본인 인간을 삼켜 버릴 발명품을 만들어 버리기에 이른 것이다.

한편, 유전공학과 바이오기술의 발달로 인간의 수명은 한없이 증가할 것이다. 심장병이 생기면 심장을 프린팅하여 교체할 수 있을 것이다. 결국 인간의 사망은 기술적 문제가 되고, 교통사고가 아니면 사망하지 않게 될 것이다. 그것이 행복한지는 누가 알 수 있을까?

그저 돌도끼를 발명하고 수렵채집으로 끼니를 때우던 호모사피엔스는 본인의 발명품에 의하여 뒤로 밀려나는 처지에 놓인 것이다. 일자리에 대한 위협을 넘어서 존엄성마저도 위협받고 있다. 우리는 어디로 가야하나?

4차산업 부흥시대, 산업발전과 인간의 존엄 동시 고려 필요

얼마전 정부는 4차산업 육성을 위하여 규제개혁을 선언했다. 선진국에 비해 온라인 의료서비스, 자율 주행, 드론 서비스 등 다양한 분야에서 뒤지고 있는 것이 현실이다. 4차산업 관련 신산업발전을 저해하는 규제를 혁파하겠다는 의지다. 특이할 사항은, 배아줄기세포연구와 관련하여 현재 20개 희귀·난치질환으로 질환 범위가 제한되어 있으나, 선진국과 같은 수준으로 허용범위 확대 검토 하겠다는 것이다. 또한, 유전자치료와 관련해서 유전질환·암 등 중증질환에 대해서만 허용하고 있으나, 선진국과 같이 질환 허용범위 확대 방안 검토하겠다는 것이다. 정부의 규제혁파는 필요한 부분이다.

역사가 태동된 이후 발명품들은 인간을 위한 발명품들이 주를 이루었지만, 최근 4차산업으로 생겨나는 발명품들은 인간은 한낱 쓸모 없는 존재로 만들고 있는 면도 있다. 심지어 인간의 감성까지도 가질 수 있는 발명품들이 시도되고 있다. 그런 것들이 만들어진다고하여 인간은 조금도 행복해지지 않는다. 다만, 기업들의 상업적 성공과 부의 축적이 있을 뿐이다. 인간의 존엄성과 산업의 발전을 동시에 고려하지 않는다면 인류는 불행한 미래를 설계하고 있는 것이다. 인간 자체에 대하여 탐구하던 인문학이 그리워지는 때이다.

5

쩐(錢)의 발명과
가상화폐의 미래

인간은 생계를 유지하기 위하여 의식주(衣食宙)가 필요하다.

최초의 인류는 의식주에 필요한 재화를 본능적으로 교환하여 얻었다. 물물교환 방식에서 벗어나기 시작한 것은 금, 은, 동 등의 귀금속 재련 기술을 발명하고 나서 부터이다. 고대 메소포타미아 에서는 금, 은, 동 등의 귀금속 무게를 달아서 화폐처럼 사용했다. 이런 형태를 화폐로 보기에는 무리이다. 최초의 화폐(貨幣)형태를 띤 것은 무엇일까. 기원전 중국 상나라에서 조개를 사용한 것이라고 보고 있다.

그렇다면, 오늘날의 동전, 즉, 쩐(錢)의 발명은 언제일까. 고대 리디아 왕국(오늘날의 터키지역)에서 합금을 동전으로 사용했다는 기록이 있다. 이때의 동전의 형태는 대량생산하기에는 부적합 했으며 형태도 일정하지 않았다. 그래도 당시로서는 혁신적인 발명이었다. 왜냐하면, 일일이 금속의 무게를 달아서 거래할 필요가 없고, 동전의 개수만 셈하면 되기 때문이었다. 동전의 형태가 일정하지 않았던 것은, 당시에 금속 제철 및 주조(鑄造) 기술이 발달하지 않았기 때문이다. 주조 기술이란 형틀에 쇳물을 부어서 일정한 크기의 금속구조물을 만드는 기술이다.

동일한 형태의 '전'을 대량 생산하여 대량 유통시키기 시작한 것은 언제부터 일까?

중국 시황제 당시에 '반량전' 이라고 본다. 우리가 흔히 역사책 등에서 볼 수 있는 형태로서 둥근형태의 동전에 가운데 네모난 구멍이 나있는 것이다. 이는 금속가공기술이 뛰어났기 때문에 가능한 것이었다. 고대에 철광석을 가열하여 금속을 추출하는 용광로의 구조는 현대 포항제철의 용광로 형태와 크게 다르지 않다. 한편, 동전을 대량 생산할 수 있는 기술은 주조 기술이다. 다수의 동전모양 형틀에 쇳물을 부어 붕어빵을 만들 듯이 동시에 대량생산 하는 것이다. 이러한 동전의 유통은 전국적 경제활성화를 가능하게 했고, 조세징수를 편리하게 할 수 있도록 했다. 진나라의 강성은 '전' 의 유통으로부터 시작된 것이다.

한편, 이러한 금속으로 만든 "전"이 종이 형태의 지폐(紙幣)로 바뀐 것은 언제부터 일까? '전'의 유통은 경제활동을 편리하게 했다. 그런데 '전'은 많은 돈을 거래 할 경우 너무 무거웠다. 그래서, 이것을 보관해주는 보관소가 생겼다. 보관된 전의 양만큼 종이에 표시하여 주었다. 이것이 지폐의 유래가 되었다. 즉, 마치 현대의 금본위 화폐제도처럼 전이 보관된 양만큼 종이화폐를 발행하게 된 것이다. 수만개의 동전을 힘들게 들고 다니지 않아도 되었다. 나중에는 아예 큰돈은 전을 발행하지 않고 종이 지폐로 대체하게 된 것이다. 이렇게 오늘날의 지폐는 발명되었다.

오늘날 우리는 '전'과, 지폐를 주로 사용한다.
최근 가상화폐란 것이 생겼다.

가상화폐의 하나인 비트코인이란 것이 있기도 하다. 최근 가상화폐에 관한 발명들이 사회적 이슈다. 최근의 동향을 간단히 살펴보자.

국내 가상화폐 관련 발명 건수는 대략 3,000건 정도로 조사된다. 그 주된 내용을 보면, 가상화폐의 관리, 결재, 환전, 송금, 거래, 채굴장치 및 방법 그리고 담보대출 등이다. 가상화폐를 활용하기 위한 다양한 시도가 기업에서 이루어지고 있다는 것을 확인할 수 있다.

이러한 가상화폐의 미래는 어떨까? '갑론을박'이 많지만, 필자는 이렇게 본다. 만약, 가상화폐의 장점을 살리면서도 정부의 조세정책에 부합될 수 있는 기술이 개발된다면, 미래는 희망적일 수 있다. 예를들어, 익명성(

匿名性)이라는 장점을 살리면서 조세정책에도 부합할 수 있는 기술을 개발하면 말이다.

인류의 화폐 형태는 계속적으로 바뀌어 왔다. 이중에서도 "전"과 지폐가 만들어진 지 수천년이 흘렀지만, 그대로 유지하고 있다. 인간은 항상 화폐의 형태가 바뀌는 것에 대하여 보수적 입장을 취한다. 왜냐하면, 화폐 형태 변화는 가진 자의 축(軸)을 변화시키기 때문이다. 현재 금본위제는 미국을 비롯한 강대국의 부를 유지하는 수단중 하나이다. 가상화폐가 본격적으로 유통될 경우, 금본위제는 무용지물이 될 수도 있다. 금은 악세서리 용품의 재료와 공업용 재료로서의 가치 밖에 없을 것이다. 졸지에 금값이 구리 값이 될 수도 있는 것이다.

가상화폐가 "쩐"으로서 본격 유동화 된다면, 부의 축은 바뀌게 될 것으로 생각된다. 축에는 개인이 있고 나라가 있을 것이다. 그 때 나는 어느 축에 서 있을 지 생각해 볼일이다. 또한, 가상화폐가 중세유럽의 튤립처럼 거품으로 사라질 지, 진정한 '쩐'이 될지도 지켜 볼일이다.

6

청년 일자리
이것이 맥(脈)이다

신 산업에 대한 과감한 투자,
청년일자리에 거시적 근본 해결책

태초 인류의 직업은 수렵과 채집이었다. 다른 일자리는 없었다. 1만2천년
경 농경을 시작하면서 청년들의 일자리 역시 농업이었다. 청년 호모사피엔
스의 일자리는 그렇게 단순하게 오랜시간 유지되었다. 일자리가 다변화되
기 시작한 것은 5천년 전 글씨와 돈을 발명하게 되면서 부터이다. 청년일자
리에는 상인.장인 등이 추가되었다. 하지만 혁명적이지는 못했다.

2백년 전 증기기관을 발명하면서 산업혁명이 일어났다. 가장 많은 일자

리 변화가 일어났다. 수천가지의 다양한 일자리가 생겨났다. 그 때 만들어진 직업군이 지금도 상당부분 유지되고 있다. 제조업과 서비스업을 중심으로 한 일자리들이다.

인류의 일자리 변화역사를 보면 새로운 산업 군이 일어날 때 폭발적으로 증가하게 된다. 우리나라를 예로 볼 수 있다. 바로, IMF 당시에 정부주도의 경제 부흥책이다. 과감한 IT 벤처투자 열풍이었다. 그때 만들어진 IT 기업들이 아니었다면 현재의 IT강국 한국은 존재할 수 없었을 것으로 본다. 당시 대졸 신입사원들은 벤처기업에 취업하는 것을 당연시 했다.

벤처기업에서 스톡옵션으로 갑부가 되었다는 이야기는 쉽게 들을 수 있는 말이었다. 벤처 투자열풍은 다소의 문제점을 야기하기도 했다. 그렇지만, 과감한 투자가 없었다면 IMF 졸업도 하지 못했을 것이고, 현재의 IT강국의 대한민국은 없었을 것이다. 국내 주식시장 시가총액의 30%가 국내 IT 대기업 2개 회사가 차지하고 있다는 것은 이를 방증하고 있다.

현재로 돌아와 보자. 청년일자리는 심각한 문제다. N포세대로 대변된다. 일자리 없이는 청년의 미래도 없다. 급한 대로 고용보조금을 지급하고 공공일자리를 늘리는 것은 바람직하다. 미시적 관점에서 그렇다. 그러나, 이런 방법은 일시적인 방편에 불과할 뿐이다.

우리는 매우 적절한 시기(season)를 맞고 있다. 이른바 '4차산업' 이라고 하는 새로운 신 산업군이 앞에 서있다. 과감한 투자가 필요하다. 정부와 기업이 같은 방향으로 나가야 한다. 기대되는 신산업의 종류도 다양하다. 정보통신기술(ICT), 인공지능, 자율주행 전기자동차, 로봇산업, 원격진료, 바이오, 융합기술 등 헤아릴 수 없을 정도로 다양하다. 이러한 기술은 기존의 기계,전기,전자,건축,의류 등 모든 산업과 융합이 가능하다. 새로운 산업은 고급 청년일자리를 창출할 것이다.

반도체 많은 수출은 곧 일본 수출 증가

이러한 부분에 과감한 투자를 위한 토양을 개선은 일자리로 연결될 수 있다고 본다.

페이스북 창업자 저커버그가 한국에서 창업을 했다면 얼마나 돈을 벌수 있었을까. 아마 1억도 벌지 못했을 것이다. 투자를 받기 위해서 한국에서 가장 필요한 것은 매출과 담보다. 최근 변화의 바람이 불면서 기술위주의 투자와 대출 심사가 이루어지고 있다고는 하지만 기술창업자들의 반응은 미진하다는 것이 일반적인 생각이다.

기술창업자들의 도덕적 태도도 변해야 한다. 심지어는 R&D 자금 자체를 목적으로 하는 경우도 있다는 말이 있다. 투자금을 본인의 돈으로 생각하고 사용해야 한다. 이러한 시스템을 만들기 위해서 선진투자기법과 공정한 투자금관리기법 도입이 시급하다고 본다.

더불어 최근에 일어나고 있는 4차산업의 기술적 뿌리는 부품.소재.뿌리산업이라는 것을 잊어서는 안된다. 우리가 반도체를 많이 수출하면 일본은 자동으로 수출이 증가한다. 반도체장비재료에 쓰여지는 핵심부품들 상당수가 일본이 독보적으로 차지하고 있기 때문이다. 기본체력이 없으면 남 좋은 일을 시키게 되는 결과를 낳는 것이다.

신 산업에 과감한 투자, 이것만이 청년일자리에 거시적 근본 해결책일 될
수 있다고 본다.

7

인간의 발명,
신(神) 프로메테우스의
불(火)을 통제하다

프로메테우스는 인류에게 불을 선물했다. 그리고 약3만 전년 호모사피엔스는 불사용법을 습득하였다. 이후, 불사용법을 발견한 인류는 불을 이용하여 발명을 하였다. 우리가 매일 타고 다니는 자동차도 불을 이용한 발명이다. 실린더 내의 석유 착화시(着火時) 순간 폭발력을 이용한 것이다. 이처럼 불은 인류에게 고마운 존재이다. 또한, 익혀진 음식을 먹음으로 해서 식사시간이 줄어들었고, 불에 익은 브드러운 음식을 씹으면서 사각턱도 갸름해지기 시작했다. 풍부한 단백질 섭취로 뇌의 용량도 증가했다. 이처럼 불과 인간은 뗄수 없는 존재이다. 반면, 불은 공포의 대상이기도 하다.

잊을만 하면 반복되는 대형화재 참사 공포

공포의 대상이 되었던 그간의 대형화재 사고를 되짚어 보는 것은 괴로운 일이다. 그러나 반복되는 참사를 되풀이 하지 않기 위해 필요하다. 2003년 2월 18일 대구지하철 중앙로역 방화는 192명의 아까운 생명을 앗아 갔다. 2003년 대한민국은 많은 반성을 했고, 피해자들을 애도 했고 슬퍼했다. 그 이후 지하철 화재에 대한 대책들이 만들어졌다. 전철 내 의자도 가연성물질들을 사용하지 않고 있다. 응급 대피로 표시도 강화되고 방독면도 배치되었다. 그렇지만 잊을만 하면 대형화재 참사는 이어지고 있다. 2010년에는 포항시 노인요양병원 화재, 2015년 에는 의정부시 아파트화재에서 많은 생명이 희생되었다. 2017년 12월 21일 충북 제천 화재는 29명이라는 많은 인명피해가 발생했다. 전국민을 충격에 빠지게 했다.

여야 정치인들이 화재 현장을 찾아 조의를 표하기도 했다. 그리고 국회로 돌아갔다. 그 뿐이다.

소방청 재발방지책 강구 총력 의지 표명

소방청은 "화재저감 5개년 종합대책"을 오는 3월에 발표할 예정이라고 밝혔다. 아울러, 소방청장은 ①다중이용시설에 대해서는 건축주 등에게 사전 통보 없이 불시단속 방법으로 전환하고, ②비상구?소방시설을 폐쇄하거나 고장상태로 방치한 경우 개선완료시까지 영업장 사용금지 등 개수명

령권을 발동 할 것과 ③비상구 통로 장애물 방치 등과 같이 관행적이고 반복적으로 발생하고 있는 경미한 사항에 대해서도 소방안전 적폐 청산 차원에서 강력히 단속할 것을 당부했다고 한다. 소방청의 의지가 변하지 않고 계속되기를 기대한다. 아울러 국회의 적극적인 관련입법 활동으로 이어지기도 기대해 본다.

필자가 한예를 들자면, 신축되는 고위험군 다중이용시설 내외장재는 석유제품 가연성물질을 사용 하지 못하도록 입법(立法) 해야 한다. 경제적 이유로 반대할 것이다. 생명보다 중한 것이 있는가. 고대로마 목욕탕에서 화재가 날 수 있었을까? 가연성물질이 하나도 없었기 때문에 화재가 발생했어도 몇분 내에 진화되었을 것이다. 최근 커피숍이나 대형마트의 천장은 인테리어를 하지 않고 그대로 천정의 시멘트벽을 노출시켜 가연성 내장재가 없다. 이를 보기 싫다고 하는 사람이 있는가? 비용도 절감하고 화재위험도 줄이고 일석이조다.

현대의 발명기술 화재 예방 및 인명 구조에 적극 활용되어야

화재 발생 후 현장의 사람들을 탈출하기 힘들게 하는 것은 어둠이다. 어둠은 비상탈출로를 무용지물로 만든다. 소방관들은 화재 발생 즉시 건물의 구조를 파악할 수 없다. 화재현장의 사람 위치도 알수 없고 몇 명이 있는지도 모른다. 평소에 10초면 밖으로 나갈 수 있는 데도 건물 내 위치와 방향을 몰라서 영원히 나가지 못하는 것이다. 그래서 골든타임을 놓치게 된다. 그

사이 건물 안의 사람들은 화마에 희생양이 된다. 앞으로도 이래야 할까. 최근의 기술들은 이러한 문제를 상당부분 해결할 수 있다.

바로 최근 발달하고 있는 ICT 기술, 로봇기술 등 4차산업 IT 기술을 접목한다면, 일자리도 만들고, 사람도 살리고, 1석 3조 효과를 볼 수 있다. 설치비용도 건축비에 비하면 극히 일부이다. 신산업육성과 일자리 창출면에서 정부에서 일부비용을 보전해 주거나 세금혜택을 주는 것도 방법이다.

인류가 불을 사용하기 시작한지 수만년이 흘렀다. 불과 함께 살아가지만 불을 통제하는 것은 오래된 인류의 숙제이다. 최근 개발된 여러가지 첨단 기술들을 활용한다면 충분히 피해를 줄일 수 있을 것으로 기대된다. 신(神) 프로메테우스에게 불이 선물인지 재앙인지 묻는다면, 신은 이렇게 답할 것이다. "인간 의지에 달렸다"

8

한자(漢子)
누구의 발명인가

태초에 인류에게 글자는 없었다.

단지 인간은 그림을 그리기도 했다. 그림은 글자의 기원일 것이다. 상형
글자는 사물의 형태를 그림 그리듯 기호화한 것이다. 호모 사피엔스는 지
구상에서 다양한 글자들을 발명했다. 이중 알파벳은 그리스 자모에서 유래
되었다. 한자는 중국 고대 은나라 시대 산둥반도 지역에서 태생한 갑골문
에서 유래되었다. 이러한 글자는 언어와 한 몸이 되기도 하고, 글자로부터
언어는 분파되기도 했다. 이들 언어 중 라틴어를 먼저 보자.

라틴어는 로마의 통치언어 이었다. 유럽어와 영어의 뿌리를 이루고 있

다. 또한, 각기 다른 언어로 분파되어, 프랑스어, 독일어, 스페인어, 폴란드어 등 나라별로 다른 언어를 사용하게 되었다. 이중 우리가 목메고 배우고 있는 영어 어근의 대부분은 라틴어에 뿌리를 두고 있다. 로마 대제국의 통치 흔적일 것이다. 나라별로 아픈 역사의 흔적일 수도 있다. 그렇지만 유럽의 중.고등학교에서 라틴어는 교양 필수 과목으로 꼭 배우고 있으며, 중요한 과목이다.

사실 글자와 언어는 민족의 사회, 경제, 문화, 전쟁, 이동경로까지도 고스란히 반영된 역사 그자체이다. 그리고 더불어 언어. 글자는 향유하는 자가 주인인 것이다. 라틴어가 그들언어의 근간을 이루고 있고, 언어생활에 도움이 된다면 배우지 않을 이유가 없는 것이다.

우리의 글자와 언어로 돌아와 보자.

우리민족은 다행이도 단일 언어를 사용하고 있다. 글자는 한글을 사용하고 있다. 더불어 한자도 가끔 병용하기도 한다. 한자는 기원전 15세기경 만들어진 것으로 알려져 있다. 전 지구 인구의 50%가 한자문화권에서 살고 있다. 한편, 중국과 한국의 적지 않은 학자들은 여러가지 이유로 한자의 기원인 갑골문을 만들어낸 주인공이 동이족이라고 보고 있기도 하다. 한자의 태동시기에 우리민족이 산동반도를 무대로 하여 살아 온것은 사실이다. 우리 언어의 동사, 형용사, 명사 중 한자로 표기되는 것이 70%이상이다.

다음으로 우리의 글자 한글을 보자. 우리민족의 자랑이다. 디지털시대에 적절한 글자이고, 배우기 쉽고 쓰기 쉬운 글이다. 실용적인 글이고 과학적인 글이다. 세종의 애민정신이 배어 있다. 아끼고 발전 시켜야 할 것이다.

한편, 과거 우리는 한자교육을 한때 폐지한 적도 있었다. 순 한글 사용을 주장한 사람들과 반대 하는 사람들의 의견이 대립되기도 했다. 그 피해는 고스란히 학생들에게 전달되었다. 대학 에 진학하여 교재를 독해 하지 못하는 것이다. 예를 들어, 반도체(半導體)공학, 형사소송법(刑事訴訟法)등 대부분 학문의 용어가 한자로 이루어져 있다. 한자를 적절히 교양으로 익히면 쉽게 개념을 이해할 수 있는데도 불구하고 배우지 않으므로 서 기본적인 용어조차 이해할 수 없게 된 것이다. 그렇다고하여 요즘 아이들이 조선시대 처럼 어려운 한자를 많이 배울 필요도 없는 것이다. 그저 상용한자 정도를 교양으로 배우면 족한 것이다. 다행이도 요즘에는 중고등학교에서 한자를 교양으로 배우고 있다. 다행스런 일이다.

우리는 한자를 수천 년 동안 사용했다.

남에 글자라 할 수 있을까? 일본인들이 한자를 사용하면서 남에 글자라고 생각할까? 유럽인들이 본인들이 사용하고 있는 단어의 80%가 라틴어에 뿌리를 두고 있다고 하여 본인들의 언어를 남에 언어라고 할까?

유럽인들이 라틴어를 배우는 지혜를 우리는 생각해 볼 필요가 있다.

우리는 소리글 한글을 가지고 있고, 더불어 뜻글자 한자를 사용할 수 있다. 풍성한 언어생활과 지식적 활동을 할 수 있다. 세종의 한글창제 정신 어디에서도 순 한글 사용 취지는 없는 것으로 안다. 한글을 더욱 발전시키고 한자를 적절히 사용한다면 우리의 언어생활은 풍성해질 것이고 학문도 발달할 것이다.

누가 필자에게 한자의 주인이 누구냐고 묻는다면, 이렇게 답할 것이다.

글자는 향유(享有) 하는 자가 주인이다!

9

디젤엔진 발명
"100수"를 누리고
뒤안길로 가다

인류가 지구상에서 발명을 시작한 이래 많은 발명품들은 우리 삶의 질을 향상시켰다. 이중 19세기 최고의 발명을 꼽으라면 어떤 발명품이 있을까? 단연 독일의 디젤(Diesel, Rudolf)이 발명한 내연기관 엔진일 것이다.

1890년 디젤엔진을 착안한 것으로 알려지고 있으니, 발명된 지 128년이 지난 것이다. 디젤은 본인의 이름을 붙인 최초의 내연기관 엔진을 "디젤"이라고 명명했다. 디젤 발명이전의 모든 인간이 만든 발명들은 스스로 혼자서 움직이는 것은 없었다. 디젤엔진은 한번 버튼을 누르면 계속해서 작동하게 되어 있다. 세상을 완전히 뒤집어 놓았다. 디젤엔진이 바꾸어 놓은 세상을 한번 살펴보자.

엔진은 전쟁의 강력한 수단이기도 했다

　바다의 선박부터 보자. 과거에 선박은 그저 바람에 의지하거나 해류에 의지해서 이동했다. 노를 저어서 가속을 더하기도 했지만 한계가 있었다. 힘에 한계가 있다 보니 금속재질로 배를 만드는 것도 힘들었다. 주로 나무로 만들어야 했다. 선박에 엔진이 탑재 되면서 사정은 달라졌다. 금속 강판을 이용하여 더 크고 더 빠른 배를 만들게 되었다. 이로 인하여 더 멀리 갈수 있고, 더 빨리 갈수 있고, 더 많이 선적할 수 있게 되었다. 이런 엔진이 탑재된 선박으로 서구 열강은 식민지 지배에 나섰고, 전쟁의 강력한 수단이 되었다. 디젤엔진이 아니었다면 유럽열강이 아시아를 지배하고 남미를 지배하는 것은 한계가 있었을 것이다. 식민지의 많은 자원을 신속하게 본국으로 이송할 수 있게 된 서구열강은 많은 경제적 부를 축적하게 되었고, 식민지에 더 많은 욕심을 내게 된 것이다. 남미의 사탕수수를 설탕으로 가공하여 중국에 비단과 바꾸려면 지구를 한 바퀴 돌아야 한다. 고대의 선박으로는 몇 년이 걸리는 일이다.

　다음으로 육지의 자동차의 경우를 보자. 자동차는 엔진이 발명된 이후, 엔진을 이용한 발명의 일종이다. 사실 자동차는 마차에 디젤엔진을 탑재한 것뿐이다. 다만 자동차 발명을 높게 살 수 있는 것은 엔진의 회전운동을 기계적 부품, 즉 기어구조를 이용하여 바퀴에 전달할 수 있도록 했다는 것이다. 한편, 자동차 발명이전 인류는 말이나 소가 끄는 마차가 육상에서의 최고의 이동수단 이었다. 소나 말이 끄는 마차는 나름대로는 편리했지만, 동물의 달리기 속도 한계를 벗어나지는 못했다. 뿐만 아니라 말, 소의 근육이 가지고 있는 한계를 넘어선 무거운 짐을 나를 수도 없었다. 자동차 발명은 디젤엔진의 힘을 빌려 인간을 육상에서 가장 빨리 이동할 수 있는 동물로 격상시켰다. 육상의 가장 빠른 동물은 치타(114km/시간)이다. 치타는 그 대신 빨리 지친다. 자동차는 기름만 주면 치타보다 2배 가까이 빨리 지속적으로 쉬지 않고 달릴 수 있다. 인간의 육상생활에서 이동의 한계를 벗어날 수 있도록 해준 것이다. 참으로 디젤은 위대한 발명을 한 것이다.

디젤엔진, 환경오염과 미세먼지의 주범으로 전락?

하늘의 비행기 역시 디젤엔진이 발명되었기 때문에 발명되었다는 것은 두말할 나위도 없다. 이제 우리는 자동차가 날아다니는 시대를 살아생전에 접하게 될지도 모른다. 그리고 그 발명품이 상용화되어 동내 전시장에서 날아다니는 자동차 일명 "FLYING CAR"를 구매하게 될 것이다. 이 모든 것이 디젤의 엔진 덕인 것이다.

한편, 세상은 변하고 있다. 최근 전기자동차 시장이 커지고 있다. 바로 녹색기술 열풍 때문이다. 100수를 더 누리고 있는 디젤엔진이 졸지에 환경오염, 미세먼지의 주범으로 지적되는 신세가 된 것이다. 전기자동차는 엔진이 필요 없다. 모터와 모터를 돌릴 수 있는 에너지 저장장치 배터리만 있으면 되는 것이다. 그 복잡한 엔진부품과 흡기 배기 계통이 없어서 되는 것이다.

내연기관으로 움직이는 자동차는 서서히 줄어들 것이다. 그리고 그 줄어든 부분을 전기차가 채우게 될 것이다. 내연기관의 시장 쇠퇴는 근로자들의 일자리에도 영향을 준다.

얼마 전 경기도 안성의 자동차 엔진부품 중견 제조사가 파산신청을 했었다. 다행히도 파산신청을 철회하면서 많은 근로자들이 실직의 위험에서 벗어나긴 했다. 자동차 부품 중 엔진과 주변의 흡배기 계통부품은 급격하게 수요가 줄어들 것이다. 전기차에는 이런 부품이 필요 없기 때문이다. 유럽이나 선진국은 이미 전기차가 상당부분을 차지하고 있다. 우리는 늦은 감이 있다. 그렇다면 우리의 자동차 산업은 어떻게 될 것인가? 대기업들은 이미 충분히 준비되어 있다. 전기차로의 전환에 아무런 문제가 없는 것으로 안다. 문제는 엔진흡배기 계통 부품을 납품하는 중소. 중견기업들이다. 지금이라도 자동차 부품 산업의 구조적인 개편을 서둘러야 할 것이다.

고대에 한발명이 탄생하면 수 만년간 인류와 함께 했다. 이제는 발명이 탄생한 후 수 십년을 지속하는 발명을 보기 힘들다. 2G폰은 겨우 20년을 견디지 못하고 스마트폰에 자리를 양보했다. 디젤엔진은 100수 이상을 누렸다. 이제 뒤안길로 가고 있다. 발명은 인류와 생사고락을 같이 한다. 디젤엔진의 퇴직 준비를 인류가 준비해줄 때이다. 엔진관련 부품 제조사들의 점진적 변화가 요구된다. 디젤의 최대 발명이 인류 역사에서 아름다운 퇴장으로 기록되기를 기대해 본다.

10

철도 발명의 역사와
한반도의 미래

태초 인류, 동물과 달리기 경쟁 하다.

태초에 인류는 동물들과 달리기 경쟁을 했다. 생존을 위해서 였다. 사자
나 맹금류로부터 살아남기 위해서 경쟁을 해야 했고, 사냥을 하기 위해서
달리기 경쟁을 해야 했다. 순전히 근육에 의존한 공정한 경쟁이었다. 공정
한 경쟁에서 인간이 동물을 이길 수 없었다. 이러던 것이 어느날 불공정한
달리기 게임이 되었다. 19세기 경 달리는 도구들이 발명되면서 부터이다.
이때부터 동물들은 인간의 경쟁대상이 되지 못했다. 비록 불공정한 게임이
기는 하지만 말이다. 19세기에 인간은 달리는 도구 자동차와 증기기관을

발명했다. 그리고, 증기기관을 일정한 궤도 위에 올려서 달리게 하는 시도가 있었다. 이를 우리는 철도라고 부르게 되었다. 즉, 철로 만든 평행한 궤도를 달리는 이동수단이 발명된 것이다. 철도 위를 달리는 동력차는 기차(汽車)였다.

즉, 수증기의 압력을 동력원으로 하는 증기기관이었다. 증기기관은 제임스와트와 스티븐슨을 거치면서 발전되었고 디젤이 내연기관을 발명하기 전까지 사용되었다. 근대의 서구 열강들은 철도를 식민지에 적극 건설했다. 식민지의 자원을 항구까지 이동시키는데 철도만한 이동수단이 없기 때문이다. 아직까지도 철도보다 더 효과적이고 경제적인 물류이동 수단은 없다.

한편, 이렇게 유럽에서 발명된 철도는 일본을 거처 우리에게도 전수되었다.

철도 근대 일본 산업발전의 기반이 되다.

동아시아의 많은 나라들에 근대에 철도가 건설되긴 했지만, 모두 서구 열강에 의한 건설이었다. 그러나, 일본은 동북아의 다른 나라와 달리 자력으로 철도를 건설했다. 일본의 근대 경제 성공의 요인중 하나는 신속한 철도 인프라 정비에 있다고 할 수 있다. 중국이나 오스만튀르크에도 철도가 부설되긴 했었다. 그렇지만, 외국기업 즉, 영미 유럽 제국에 의한 것이었으며, 외국기업에 부설권을 부여하거나 토지 조차권 등을 부여하고 운영도 외국기업이 하는 방식이었다. 그런 면에서 보면 일본의 철도건설은 획기적인 것이었다. 일본은 철도 건설 자금을 영국은행의 외국공채를 발행하여 수급하였다. 일본의 철도 자력건설은 일본 산업의 기반이 된다. 철도기술에는 당시의 최첨단 산업기술이 집약되어 있었다. 철도건설을 자력으로 하면서 당시의 서구 첨단 기계, 전기, 전자 기술을 자연스래 습득하게 된 것이다.

한편, 우리 한국의 경우를 보자.

한국철도 식민지 수탈의 수단이 되다

한국 최초의 철도는 구한말 고종 재위 당시 1899년 제물포에서 노량진까지 경인선 철도가 최초의 철도이다. 이 철도는 일본의 손에 의하여 건설되었다. 관리도 일본이 했다.

우리나라의 철도건설은 일본의 식민지 지배 및 자원 수탈을 위한 것이었다. 더불어 대륙 진출의 통로를 확보하기 위한 것이었다. 최초 경인선에 뒤를 이어, 1905년 경부선이 개통되었다. 이후, 경의선, 호남선, 충북선, 전라선, 경춘선이 연이어 개통되었다. 이는 모두 일제 강점기에 건설된 철도였다.

아픈 역사 딛고 한국철도 눈부신 발전, 지정학적 한계도

식민지의 뼈아픈 역사를 딛고 한국 철도는 눈부신 발전을 했다. 현재, 한국의 고속철도는 전국 반나절 생활권을 가능하게 했다. 눈부신 한국철도의 발전에도 불구하고, 한국철도는 항상 아쉬움을 갖는다. 섬나라의 철도처럼 갇혀 있기 때문이다. 한반도 그것도 남한에 한정되어 있다. 대륙과 연결되어 있지 못하다. 이로 인한 물류 및 산업발전에는 차질이 있게 마련이다. 한편, 앞으로 갇혀 있는 철도가 대륙으로 뻗어 나갈 수 있는 활로가 열릴 수 있을 것 같다. 최근 이슈가 되고 있는 남북미 화해 모드이다. 화해 무드가 좀더 무르 있는다면 갇혀 있는 철길은 북한을 관통하여 러시아의 시베리아철도 및 중국의 고속철도와 연결될 것으로 기대한다.

동북아 실크로드의 최 끝단 한반도 물류의 거점 기대

 현재의 철도 노선 중 특히 의미 있는 선로가 있다. 바로, 동해선과, 경의선이다.

 동해선은 부산에서 출발해 나진까지 북한의 동해안을 관통해 러시아 하산으로 연결되는 노선이다. 경의선은 중국 랴오닝성 단둥을 통해 중국대륙철도(TCR)로 연결된다. 한편, 두 노선은 최종적으로는 유라시아 철도와 연결될 수 있다고 한다.

 남북철도가 연결된다면 서울에서 유럽을 기차로 여행할 수 있을 것이다. 여행뿐 아니라, 유럽과 동북아의 물류와 교역이 원할하게 이루어질 수 있을 것이다. 물류 기간이 대폭 단축될 것이고 이로 인한 제품단가에 미치는 영향은 크다. 비행기나 배로 운송하던 것을 기차로 운송하게 될 것이다. 많은 대륙인과 유럽인이 기차를 통하여 한반도에 몰려 올 것이다. 우리와 교역 경쟁국인 일본도 부산을 통하여 유럽으로 교역품을 보내는 것이 멀리 돌아서 배로 운송하는 것보다 더 유리할 것이다.

젊은이들은 한반도 남한에서만 일자리를 찾지 않아도 된다. 미래의 젊은이들은 동이족의 고향, 대륙으로 뻗어나갈 것이다.

남북미 화해 모드가 평화의 시대를 만들어 주기를 기대해 본다. 더불어 한반도가 동북아 물류의 거점이 되기를 기대해 본다.

백만불 짜리
발명 Tip

본인이 지식인에서 실제로 질의에 대하여 답변하거나 평소에 기업에서

일할 때 현업부서에서 질의한 사항들을 기초로 하였습니다.

1

발명 아이디어 개발 KNOW-HOW 공개

●

발명 아이디어로 성공하는 비결

● 시장성이 없는 아이디어나 발명은 외면 당합니다. 본인만 좋다고 생각하지 남들은 관심이 없습니다. 시제품 만들기 위하여 돈만 날립니다.

● 개인이나 중소기업은 법령을 바꾸어야 하는 발명은 하지 마시기 바랍니다. 예를 들어서 자동차 부품인데, 법령의 개정 없이는 제품을 사용할 수 없는 경우, 개인이 무슨 수로 국회를 설득하여 법을 통과시키겠는지요. 기업이라고 해도 쉬운일이 아닙니다.

● 지적재산권이 바로 돈으로 연결되지는 않습니다.

특허나 디자인 등이 있다고 하여 돈이 바로 되지 않습니다. 또한, 지적재산권은 몇가지 방어벽을 치시기 바랍니다. 한 좋은 예로, 심사청구[1]를 하지 않고 묵히는 특허와, 등록받는 특허로 구분하여 진행하시기 바랍니다. 추가로 설명을 드리면 발명을 한후 특허출원하여 심사관의 심사를 곧바로 신청하는 것과 출원 한 이후에 심사청구를 나중에 받을 것을 구분하여 출원하는 것입니다.

● 발명 아이디어가 착상되면, 곧바로 선행기술조사[2]부터 하시기 바랍니다. 동일한 것이 먼저 나와 있다면, 사업화가 되어있는지부터 확인하기 바랍니다. 등록된지 10년이 넘도록 제품이 시중에 없다면, 시장성은 없다고 보시기 바랍니다.

● 아이디어는 즉시 메모장에 메모하는 습관을 들이시기 바랍니다.

지나면 생각나지 않는 것이 아이디어의 특징입니다. 발명에 관심있는 학생들이라면 발명 메모장을 가지고 있는 것은 도움이 됩니다. 기업의 직원이나 CEO 라면 연구노트를 잘 활용하시기 바랍니다.

---

1) 발명 한 후 권리화 하는 과정에서 특허를 여러개 출원할 경우, 심사관에게 심사요청을 즉시하는 출원과 나중에 하는 것으로 나누어서 심사를 신청할 수 있습니다. 일정 기간 이내에 심사를 청구하게 되어 있습니다. 당사자들이 심사 청구 유무를 선택할 수도 있습니다. 심사청구 기간이 지날 때까지 심사청구를 하지않으면 일반에 공개되어 누구나 사용할수 있는 공지된 발명이 됩니다.
2) 발명을 하기 전에 이미 동일,유사한 기술들이 있었는지 여부를 조사하는 것을 말합니다. 주로 특허검색사이트에서 할 수 있습니다.

● 기업 신제품을 개발하고 계시다면, 시장성, 선행기술, 특허성, 분쟁
가능성, 회피가능성에 대한 종합적 판단을 하시기 바랍니다. 아무리 우수
한 기술로 보여도 당장 출시 후에 분쟁으로 이어진다면 낭패일 것입니다.

● 시제품 만들기는 신중하게 하자. 무수한 돈이 들기도 한다. 시제품 보
다는 3D 에니메이션 등으로 구현해보고, 이후에 충분한 자금이 들어왔을
때 시제품을 만들자. 간단한 시제품은 즉시 만들어 볼 것을 권합니다. 그렇
지만, 예를 들어, 태양광, LED, 인공지능, 센서 기술들이 결합된 발명기술
이라면 아주 많은 비용이 들어가야 하고, 시제품은 한 번에 성공하지 못하
고 실패를 여러번 한 이후에나 성공할수도 있습니다.

정리하여 요지를 설명 드리면, 발명의 사업화 성공비결은 발명을 생각나
는 대로 하지 말고, 위와 같이 기획적으로 해야 한다는 것입니다. 그러면 여
러분들은 발명으로 성공할 수 있습니다. 또, 돈도 벌수 있습니다. 정부로부
터 지원을 받을 수도 있습니다.

사업뿐만 아니라, 아이디어, 발명경진대회 등에서 수상하시려면, 역시
시장성이 최우선입니다. 그 다음이 아이디어 입니다. 물론, 아이디어는 참
신해야 겠지요.

발명 대박 성공확율을 높이는 노하우는 무엇일까?

많은 기업과 발명가들이 혁신을 하고 있습니다.

또, 발명을 하고 있습니다.

그런데, 수백개의 발명중에서 성공하는 발명은 겨우 몇 개 입니다.

발명은 쉽고 사업은 100배 어렵다는 말은 하고 싶습니다.

과장이라구요? 과장이 아닙니다.

수많은 발명품이 나오고 시제품들이 나옵니다.

대부분 실패합니다.

왜 실패할까요?

바로 사업성을 보지 않은 발명을 하기 때문입니다.

예를 들어, 어떤 분이 넥타이를 발명했습니다.

그런데, 넥타이가 현재의 패션을 완전히 바꾸는 것입니다.

어떨 까요, 발명성,특허성은 최고입니다.

한마디로 세상 사람들의 생각을 완전히 바꾸어야 사업이 되는 발명입니다.

마케팅비용과 홍보에 자신이 있어야 성공할 수 있습니다.

발명성과 사업성은 일치하지 않습니다.

사업성부터 생각하고 발명을 하시기 바랍니다.

아래와 같이 정밀한 분석으로 시장을 선점하는 발명을 하시기 바랍니다.

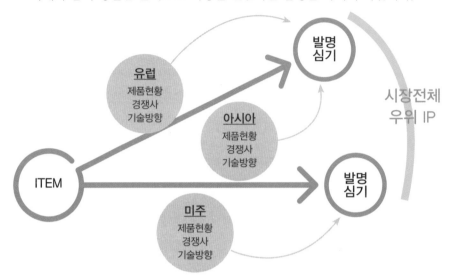

다음으로, 시기적인 문제입니다.

어떤 사람이 월드컵에서 선수가 넘어지면서 무릎을 다치는 것을 보고,

기막힌 무릎보호대를 발명했습니다.

내가 처음이라고 생각하지만,

착각입니다.

그 tv를 보는 전세계의 인구중에서 최소 몇명은

동일한 발명의 자극을 받았을 것입니다.

다음으로, 본인의 여건에 맞는 발명을 하시기 바랍니다.

학생이 발명을 하는데, 태양광 우수발사체를 발명하면

성공할까요?

아무래도 학생은 학생의 생활과 관련있는 것이 더 성공가능성도 있고,

마케팅도 용이합니다.

이상 몇가지 발명아이디어 혁신과정에서 발생하는 오류를 지적해드렸는

데요, 좋은 아이디어가 사장 되지 않으려면 먼저 스스로 안티를 해보시기

바랍니다. 그리고, 이 사람 저 사람에게 마케팅과 사업성에 대하여 문의도

해보시기 바랍니다.

정보가 셀까봐 걱정이라구요. 그럼 우선 발명을 출원이라도 해놓으시고

요~

투자가 쉽게 잘들어오는 발명은 어떤 발명일까?

발명후 마케팅과 판매가 용이하며, 법률의 재재를 덜 받은 경우가 있습

니다. 지원책도 많은 경우가 있습니다. 투자유치도 잘 되는 경우가 있습니

다???

어떤 경우 일까요?

짠 공개합니다.

바로, 최근 사회적으로 문제가 되거나 이슈화 된 것과 관련한 발명입니다.

어떤것이 있을까?

얼마전 작년 지진으로 수능시험이 연기되기 까지 했습니다.

국내에서는 모든 건설,환경,토목 분야에서 내진이 적용될 예정입니다.

그렇다면, 지진에 잘 견디는 건자재는 시장성이 있을까요?

당연히 수요가 무궁무진 합니다.

뿐만 아닙니다. 전기.전자 분야에서도 내진설계 관련 발명은 투자유치가 용이합니다.

왜? 전기, 전자가 지진과 무슨 상관이야?

전기는 각종 접점으로 이루어져 있습니다. 컨트롤 박스나, 수배전반에서는 매우 높은 고압의 전류를 제어합니다. 여기가 지진으로 흔들려서 접점이 오동작을 하게 되면 대형사고와 대형 화재로 이어집니다.

이분야도 최근 내진 관련 발명이 인기가 있습니다.

전자분야는 어떨까요?

전자분야도 지진관련 대비가 필요합니다.

예를 들어서, 각종 공공기관 은행의 전산실 서버가 있습니다.

전산실 서버가 지진으로 흔들리면 어떻게 될까요?

크게 흔들리면 재앙이 됩니다.

금융거래가 중단되고, 카드 결재도 안되겠지요.

그래서, 지진이 나도 서버가 흔들리지 않도록 내진 설계를 하는 것은 매우 중요합니다.

안전 예방 분야는 어떨가요?

실제로 최근에 지진관련하여 특허가 출원되는 사례가 공개된 경우를 보면 다음과 같습니다.

출원번호	발명의명칭	출원일자
1020160156652	지진 감지 동기화 전력계통 고장기록장치(Earthquake Detection Synchronization Power System Fault Recorder)	2019.02.15
1020140019973	접촉감지를 이용한 지진 감지 배전반 및 그 제어 방법(EARTHQUAKE SENSING DISTRIBUTION BOARD AND CONTROL METHOD USING TOUCH SENSE)	2019.01.30
1020170075675	영상분석 기법을 이용한 지진감시 대응 안내시스템(Earthquake Monitoring Guidance System Using Image Analysis Techniques)	2018.09.07
1020180058841	건축물 영역에 대한 지진가속도계측기의 최적 설치위치 선정 방법(METHOD OF SELECTING OPTIMUM INSTALLATION POSITION OF EARTHQUAKE ACCELEROMETER IN BUILDINGS REGION)	2018.07.17
1020150133173	변위증폭 지렛대가 구비된 지진하중 감쇠장치(Seismic Load Damper with Displacement Amplification Lever)	2018.07.17
1020130048971	지진 진동 및 타 진동을 구별하기 위한 시스템 및 방법(A SYSTEM AND METHOD FOR DISTINGUISHING SEISMIC VIBRATIONS FROM OTHER VIBRATIONS)	2018.05.24
1020140019534	근접센서를 이용한 지진 감지 배전반 및 그 제어 방법(EARTHQUAKE SENSING DISTRIBUTION BOARD AND CONTROL METHOD USING PROXIMITY SENSOR)	2018.05.16
1020150172135	지진 시뮬레이터 시스템(VIRTUAL EARTHQUAKE PLATFORM SYSTEM)	2018.01.16
1020090103764	지진 대피 기능을 갖는 안전볼을 이용한 가구(Safety Ball from Earthquake Disaster and Furinture using the same)	2018.01.03
1020100091691	상하 철골프레임이 구비된 지진에너지 감쇠장치(Earthquake Energy Damping Device with Upper and Lower Steel Frame)	2017.10.23

출원번호	발명의명칭	출원일자
1020100078400	지진 격리 장치(Sliding Pendulum Isolator)	2017.07.19
1020110007795	지진 격리 장치(Sliding Pendulum Isolator)	2017.06.15
1020120018866	학습교구용 지진경보기(EARTHQUAKE ALARMING DEVICE FOR EDUCATION)	2017.01.30
1020150159716	변위증폭 지렛대가 구비된 지진하중 감쇠장치 (Seismic Load Damper with Displacement Amplification Lever)	2017.01.15
1020120097674	지진감지장치(Earthquake detection device)	2016.11.23
1020190017506	지진측정설비(EARTHQUAKE MEASURING METHOD)	2015.12.04
1020170137243	상부구조물의 손상을 방지하는 미세조정이 가능한 지진보강 전단키(Seismic reinforcement shear key with fine adjustment to prevent damage of superstructure)	2015.11.13
1020187005419	감진 센서 및 지진 검지 방법(SEISMIC SENSOR AND EARTHQUAKE DETECTION METHOD)	2015.09.21
1020180000896	진도추정과 설비/구조물 피해예측기능을 가진 MEMS 기반 지진계측 장치(MEMS Based Seismic Instrument having Seismic Intensity Estimation and Structure, System, and Component Damage Prediction Function)	2014.12.22
1020190012294	간이 지진계(SIMPLE SEISMOMETER)	2014.02.21
1020110062119	진자형 지진격리장치용 시험장치(TESTING APPARATUS FOR SLIDING PENDULUM ISOLATOR)	2014.02.20
1020140186012	지진 감응 장치가 장착된 도어 락 시스템을 적용한 배전반(SWITCHBOARD USING A DOOR LOCK SYSTEM HAVING AN EARTHQUAKE SENSING APPARATUS)	2013.04.30
1020180056137	지진대피용 안전 책상(DESK FOR EARTHQUAKE SHELTER)	2012.09.04
1020170006872	지진보호방석(Earthquake Protection Sitting Cushion)	2012.05.09
1020180083013	지진계 정향 장치(DIRECTION DETERMINATION DEVICE FOR SEISMOMETER)	2012.02.24
1020120049232	지진 격리 장치(SEISMIC ISOLATION BEARING)	2011.06.27

출원번호	발명의명칭	출원일자
1020180083014	지진계 정향 장치 및 이를 이용한 지진 감지 시스템 (DIRECTION DETERMINATION DEVICE FOR SEISMOMETER AND EARTHQUAKE DETECTION SYSTEM USING THE SAME)	2011.01.26
1020180106912	지진동 감지 센서 및 이를 이용한 지진 대응 시스템 (SEISMIC MOTION SENSOR AND SYSTEM FOR RESPONSING EARTHQUAKE USING THE SAME)	2010.09.17
1020180005685	기존 구조물의 지진 보강공법(Earthquake reinforcement method of existing structure)	2010.08.13
1020170091565	건축물 부착 유닛 및 이를 포함하는 지진 버팀 장치 (Building attachment unit and Seismic bracing device containing the same)	2009.10.29

다음으로 미세먼지관련 기술은 어떨 까요. 정부에서는 미세먼지 관련하여 다양한 예산을 편성하고 있습니다. 기업에서도 미세먼지가 심각해지자 경쟁적으로 미세먼지 관련 제품을 출시하고 있습니다. 마스크, 미세먼지 관련한 옷장, 공기청정기 등 다양합니다.

실제로 최근에 출원된 미세먼지 관련 발명들을 보겠습니다. 명칭을 참조하여 간단히 보면 참조가 될 것 같습니다.

출원번호	발명의명칭	출원일자
1020180021750	미세먼지 제거를 위한 습식 물확산 협착기 (Adsorber spread of rem oving fine dust for the wet water)	2018.02.23
1020180060921	연속운전이 가능한 전기 절약형 미세먼지 집진시스템(CYCLONE BAG FILTER SYSTEM)	2018.05.29
1020180027593	미세먼지 및 황사의 유해 성분 제거를 위한 화장품 조성물(A chelating cosmetic composition effective for removing harmful heavy metals among fine dust and yellow dust)	2018.03.08

출원번호	발명의명칭	출원일자
1020180084791	미세먼지 저감 기능이 구비된 자전거 거치대 (A bicycle keeping apparatus having the fine dust reduction device)	2018.07.20
1020180056932	동네별 미세먼지 현황 제공 시스템(System for providing fine dust information according to town area)	2018.05.18
1020180016132	미역귀 및 표고버섯 복합 추출물을 포함하는 미세먼지 자극 호흡기 질환 개선용 조성물(Composition for improving fine dust stimulated respiratory diseases with shitake mushroom and seaweed ear complex extracts)	2018.02.09
1020180130261	투시 및 미세먼지 제거가 가능한 자연환기용 방진방충망(A protection against dust and mosquito net for natural ventilation)	2018.10.29
1020180060772	안경의 김서림을 방지하는 미세먼지 마스크 (fine dust mask preventing the misting of glasses)	2018.05.28
1020180108240	미세먼지 및 분진흡입을 위한 리싸이클링 에어젯팅 시스템 및 자동흡입 세척장치가 적용된 미래형 노면청소차(Recyclable air jetting system for fine dust and dust suction, and future-type road sweeper with automatic suction cleaning system)	2018.09.11
1020180041272	애완동물용 악취제거 및 미세먼지 흡착용 조성물 (Composition for eliminating of bad smell and adsorbing fine dust used for pet animal)	2018.04.09
1020180026631	유리성분 첨가제가 포함된 미세먼지 저감용 신재생 고형화연료 및 그 제조방법 (Renewable solidified fuel for fine dust reduction with glass ingredient additive and manufacturing method)	2018.03.07
1020180063763	미세먼지의 발생량을 줄이거나 집진장치의 집진율을 높이기 위한 첨가제(Additive to reduce the amount of fine dist and increase the collection efficiency of dust collector)	2018.06.01
1020180005516	미세먼지 제거기능을 가진 플라즈마 정화차량의 정화방법(CLEANING METHOD OF PLASMA	

출원번호	발명의명칭	출원일자
	PURIFICATION VEHICLE HAVING FUNCTION OF AIR STERALIZATION AND FINE DUST REMOVAL)	2018.01.16
1020180065186	비콘을 이용한 미세먼지 알림 기능을 갖는 가로등 시스템 및 그 방법(STREET LIGHT SYSTEM FOR FINE DUST NOTIFICATION USING BEACON AND METHOD THEREOF)	2018.06.07
1020180052306	미세먼지 알림 방송시스템(FINE DUST ALARM BROADCASTING SYSTEM)	2018.05.08
1020180010306	도로건설현장용 미세먼지 방지장치(Device for preventing fine dust used in field for road building)	2018.01.27
1020180096175	미세먼지 및 지진 상황 경보 기능을 갖는 옥외형 LED 전광판(Outdoor LED display board with fine dust and earthquake warning function)	2018.08.17
1020180057830	승강식 미세먼지 집진장치(UP AND DOWN TYPE FINE DUST COLLECTOR)	2018.05.21
1020180016005	펄스를 이용한 조합형 미세먼지 및 질소산화물 제거 장치(INTEGRATED REMOVAL APPARATUS OF REMOVING FINE PARTICULATE AND NITROGEN OXIDE USING PULSE TYPE HIGH VOLTAGE)	2018.02.09
1020180030097	정전기적 포집과 물리적 포집을 동시 적용하여 미세먼지를 차단하는, 가시광선 투과성 및 고내구성의 다층구조 필터 및 이의 제조방법(Multilayer filter with excellent visible light transmittance and durability for blocking fine dust by electrostatic capture and physical capture and a method of manufacturing the multilayer filter)	2018.03.15
1020180019414	선분 전기장을 이용한 미세먼지 제거장치 (FINE DUST REMOVER USING STRING) ELECTRIC FIELD	2018.02.19
1020180019416	음이온화 및 양이온화를 이용한 미세먼지 제거 장치(FINE DUST REMOVER USING NEGATIVE AND POSITIVE IONIZED CHARGE)	2018.02.19
1020180070318	운행중인 자동차를 활용한 도시 미세먼지 제거장치 (Air purification system by automobiles)	2018.06.19
1020180000083	미세먼지 차단장치(Apparatus for blocking fine dust)	2018.01.02

출원번호	발명의명칭	출원일자
1020180035555	미세먼지 측정 장치(FINE PARTICLE MEASURING DEVICE)	2018.03.28
1020180046925	베타선흡수식 미세먼지분석 · 영상 미세먼지이미지 분석으로 이루어진 하이브리드식 현장분석용 지능형 미세먼지 표출알림장치 및 방법(THE APPARATUS AND METHOD OF THE ELECTRIC DISPLAY FOR INFORING AND DISPLAY OF THE CONCENTRATION OF FINE DUST)	2018.04.23
2020180001317	미세먼지 차단기능이 구비된 창문시스템(WINDOW SYSTEM FOR BLOCKING OUT THE FINE DUST)	2018.03.27
1020180032765	미세먼지 조대화 장치 및 이를 이용하여 미세먼지를 제거하는 방법(Apparatus of Coarsening Particulate Matter and Method for Removing Particulate Matter Using Thereof)	2018.03.21
1020180036661	미세먼지 정화기능이 구비된 천장용 조명등 (Ceiling Light with Fine Dust Cleaning Function)	2018.03.29
1020180064811	미세먼지 흡착시험장치(Apparatus for testing fine dust absorption)	2018.06.05

지하철이나 철도에서는 생각보다 안전사고 많이 발생합니다.

얼마 전 ktx 강릉가는 철도가 탈선으로 사고가 나고, 지하철역에서 작업자가 사망하는 사고가 나기도 했습니다.

여기서, 정부에서는 또는 납품하는 기업들은 이런 인사사고를 막기 위하여 아주 많은 노력과 비용을 지출할 준비가 되어 있습니다.

그런데, 여러분들이 안전사고를 예방하는 발명을 하여 제공한다면 어떨까요?

이럴 때 발명은 투자유치도 되고, 팔릴 수도 있습니다.

발명 사업화도 성공하고, 정부 지원도 쉽게 받을수 있습니다.

그래서, 발명은 생각나는 대로 하면 망하고, 기획적으로 하면 대박이 되는 것입니다.

발명 아이디어 회의는 어떻게해야 할까요

학교에서, 직장에서 제품개발회의 합니다. 또는 혁신 회의 등을 합니다. 어떻게 해야 할까요. 예를 들어서, 자동차에 관한 아이디어회의를 합니다.

2가지 경우로 나누겠습니다.

첫째는 분야가 정해져 있는 경우입니다. 예를 들어, 자동차 기술 중에서 미세먼지 절감에 관한 회의를 한다고 가정하겠습니다. 곧바로 자동차 미세먼지 관련한 종래의 기술들을 조사해야 합니다. 그리고 경쟁사들의 기술 동향을 파악합니다. 그 다음 기술을 분류합니다. A타입, B타입, C타입으로 분류합니다. 각각의 경쟁사와 자사의 기술들을 비교합니다. 장점과 단점을 비교합니다.

다음은, 종래의 기술들 중에서 공지되어 누구나 쓸 수 있는 기술적 요소를 추출합니다. 누구나 쓸수 있는 기술이라고 하는 것은 권리의 존속기간이 만료되었거나 중간에 포기되었거나 하여 특허권이 없는 기술을 말합니다. 여기에 새로운 본인들의 아이디어를 추가하게 됩니다. 그럼으로써, 종래의 공지기술 + 새로운 아이디어를 추가하여 혁신제품을 완성할수 있습니다.

둘째는 아이템의 분야가 정해지지 않은 경우입니다. 이 경우에는 어느 곳이 사업성이 있는지 또는 시장성이 있는 지를 먼저 분석해야 합니다. 예를 들어서, 최근 미세먼지가 사람들의 건강을 해치고 있으므로 해당분야가 시장성.사업성이 있다고 판단하였습니다. 그렇다면, 미세먼지를 제공하는 원인을 찾습니다. 여기서, 자동차, 황사, 발전소 등을 후보군으로 올립니다. 만약, 자동차가 채택된다면 위에서 첫째로 언급한 절차를 진행하면 됩니다. 그렇지 않고, 발전소라는 기술분야를 선택하게 되면 발전소의 가스 배출에 대하여 종래기술과, 현재기술, 경쟁사 기술들을 비교분석 하는 것으로부터 시작하게 됩니다.

셋째, 아이디어 후보군은 여러 개를 추천합니다. 이중에서 종래의 살아 있는 발명 기술들과 저촉가능성이 없고 사업성, 시장성이 있는 것을 선택하게 되는 것입니다.

사업성과 시장성은 별도의 목차에서 설명드릴 기회가 있을 것 입니다.

다섯째, 최종 후보군이 선정되면 신속하게 해당 아이디어를 지적재산으로 바꾸어야 겠지요. 지적재산권은 특허, 디자인, 상표, 실용신안, 저작권등 가능한 모든 것을 보호하는 것이 좋습니다.

이때, 상표는 갱신만 하면 사실상 영원이 지속가능하고, 저작권은 수십년 이상 존속합니다. 이런 점을 충분히 감안 하여야 합니다. 제품에 대한 브랜드 네이밍 등도 동시에 이루어지면 좋습니다. 예를 들어서, 이전에 이루어진 발명품 중에서 라면을 자동으로 끓이는 자판기의 경우, 브랜드를 "새참터"로 지은 사례가 있었는데 좋은 브랜딩입니다.

발명하는 방법에 대하여 알아 보겠습니다.

발명을 하려면 연습이 필요합니다.

첫째 평소에 메모장을 가지고 다니면서, 착상이 생길때마다 메모하세요.

어떤 착상이냐구요. 아이디어에 대한 생각이 딱 떠오르는 순간에 메모하세요. 그리고 그림도 그려 두세요.

두번째로, 아이디어가 생각났으면, 선행기술조사를 하세요.

유사한 것이 있는지, 또는 참조할 만한 기술들이 먼저 존재했는지부터 알아 보세요.

이때, 내가 처음이라고 생각하는 순간, 남들도 동일한 자극을 받습니다.

예를 들어서, 월드컵에서 선수가 경기중 넘어져서 무릎에 상처을 입었다면, tv를 보는 전세계인이 치료할 방법을 생각하게 될 것입니다.

이렇게 상처에 붙이는 밴드도 생겨낫겠죠, 나만 처음이 아닌 것입니다.

그다음, 아이디어가 확정되면 신속하게 출원을 하세요. 남들이 하기전에, 우선, 출원하고, 내용을 보강하는 방안들도 있을 수 있습니다. 국내우선권 제도, 청구범위 유예 제도등등이 있습니다. 혼자 고민하기보다는 법률대리인에게 즉시 상의하시기 바랍니다.

시제품은 발명의 가장 큰 함정인가?

이게 무슨 말일까요? 대부분의 발명가들은 발명을 완성하여 시현하기를 원합니다. 그런데, 발명을 시현하는 과정에서 실패가 반복되는 것이 일반적입니다. 한번에 시제품이 완성되는 경우는 흔하지 않습니다. 1차로 완성하고, 보완하고, 실패하기를 여러번 반복하게 됩니다. 그 과정에서 금형제작비용, 기타 설계비용이 무수히 들 수도 있습니다.

만약 시제품 비용이 너무 든다고 생각이 되면, 목업제품이나 모형을 만들어서, 홍보를 한후, 충분한 반응이나 투자유치에 성공한 후에 시제품을 제작하는 것도 방법일수 있습니다.

또한, 3D 동영상등으로 시제품을 대신하여 발명을 표현해보는 것도 방법입니다.

시제품 제조 과정에서 전 재산을 탕진 한후, 막상 시제품이 완성되었지만, 사업자금이 부족하여 사업에 실패하는 경우도 있습니다.

외국과 달리 한국에서는 발명에 대한 투자분위기 형성되어 있지 않는 것이 안타까운 현실입니다.

개인,학생 등은 정부에서 지원하는 시제품 제작 지원사업을 활용하시는 것을 권해드립니다.

기업은 시뮬레이션 프로그램이나 3d 동영상으로 우선 제작해보시기를 권해 드립니다.

발명후 대기업에 투자요청이나
특허권 구매요청하는 것은 가능성이 있을까요

흔히들 발명을 한 후에 대기업에 투자를 요청하는 경우도 있습니다. 대기업에서 과연 개인 발명가들의 특허를 구매할 까요?

필자의 경험으로는 매우 어려운 일입니다.

그럼에도 불구하고, 대기업에서 꼭 살수 밖에 없는 발명이 있습니다.

어떤 발명일까요?

바로, 대기업의 실시 제품이나, 대기업 경쟁사의 실시제품에 특허침해 문제를 일으킬 수 있는 발명이라면 적극 나설 수 밖에 없습니다.

지금 당장 필요하기 때문입니다.

그렇지 않은 경우에는 개인 발명가나 중소기업이라면 대기업을 상대로 하여 특허권을 구매해 달라고 요청하는 것은 의미가 없습니다.

만약, 대기업에서 본인의 특허를 침해하고 있다면, 기업을 상대로 특허소송을 제기할 수 도 있습니다. 그렇지만, 특허소송비용은 많이 듭니다. 정말로 대기업을 상대로 특허소송을 할려면, 적어도 만약, 연필에 지우개를 고정하여 붙인 최초 발명이라면, 관련한 특허를 적어도 10개 이상 가지고 있어야 하고 사전에 충분한 본인특허에 대한 특허무효조사[3] 를 해야 합니다. 그 결과 종래기술에서 유사한 기술로 인한 무효가능성이 없다고 충분히 판

---

[3] 특허가 출원되기 이전에 이미 존재했던 선행하는 공개된 기술과 등록특허가 동일하거나 또는 두세개 정도를 조합하여 등록특허의 청구항이 쉽게 완성되는지 여부를 조사하는 것입니다. 간단히 말하면 해당 특허의 최초 출원일 이전의 기술을 조사하여, 분쟁과정에서 무효가능성이 있는지 조사하는 것입니다. 한국과 선진국 모두 분쟁과정에서 특허가 무효가 되기도 합니다.

단되어야 합니다. 또한, 특허침해가능성을 분석하여 충분히 침해가능성이 있다고 판단 될 때 시작하시기 바랍니다. 그렇지 않으면 특허만 무효될 것입니다. 이책의 특허소송 이기는 법 목차를 참조하시기 바랍니다.

이러한 경우는 대기업을 상대로한 경우 뿐 만 아니라, 개인 또는 중소기업 간의 발명특허 싸움에서도 상당수의 특허가 분쟁 도중에 무효되기도 합니다. 즉, 특허권자가 패소하게 될 수도 있습니다.

다음목차에서 대기업이 발명 아이디어를 구매하게 되는 경우를 소개합니다.

대기업이 사는 발명, 로열티를 만들어내는 발명은 어떤 발명일까? 투자유치가 쉽게 잘되는 발명은?

많은 개인 발명가들이 아이디어로 돈을 벌수 있다는 꿈에 부풀어서 특허출원을 하고 시제품을 만든다. 혹자는 본 필자를 찾아와서 아이디어를 팔아 달라고 한다.

그러나, 아이디어를 사는 사람은 흔하지 않다.

아이디어를 사는 기업도 흔하지 않다.

개인 발명가들은 흔히 본인의 아이디어를 대기업에 팔기를 원하는 경우가 대부분이다.

그러나, 입장을 바꾸어서 생각해보자. 대기업에서 수조원을 들여서 연구소를 설립하고 연구원을 뽑고 연구비를 들였다. 그런데, 대기업 수석연구원이나 기술기획팀, 라이센싱 팀에 있는 직원이 임원에게 결재를 올렸다.

기안서 내용은 개인발명가의 아이디어를 사서 연구개발과 신제품을 출시해야 겠다는 내용입니다. 그 담당자는 어떻게 될까요. 한마디로 윗 임원들에게 심한 꾸중을 들을 수도 있겠지요

"당신은 비싼돈 들여서 연구개발하라니까 연구개발은 안하고, 외부 아이디어를 사오겠다고?" "정신이 있소" 라고 꾸중을 들을 수도 있습니다.

당신의 아이디어가 혁신성이 있어도 결코 당신의 아이디어를 대기업에서 사지는 않습니다.

대기업에서 오직 귀하의 아이디어를 사는 경우는 최소한 다음과 같은 조건을 모두 갖추어야 합니다.

첫째, 귀하의 발명 아이디어가 특허로 권리화되어 있어야 합니다.(조건이라기 보다는 기본적사항)

둘째, 귀사의 특허권이 충분한 청구항[4] 포트폴리오[5]를 구성하고 있어야 합니다.

---

4) 청구항이 뭐야?
발명을 한후에 특허로서 보호 받을수 있는 권리가 된 경우, 권리의 범위를 정한 것입니다.
예를 들어서, 만약, 맨 처음에 연필을 발명한 경우.

봉형태로 가공한 나무,
나무의 중심에 길이 방향으로 심어진 흑심

이라고 청구항을 정할 수도 있습니다.
청구항의 기재는 발명자가 자유로이 정할수 있습니다.
이 경우에 위에 기재된 내용에 한하여 보호를 받는 것입니다. 위 내용과 일치하지 않으면 보호를 받지 못하게 될 수도 있는 것입니다. 권리의 범위를 정하는 것이므로 신중한 작성이 필요한 것입니다.

5) 포트폴리오? 한개의 발명을 한후에 그냥 있으면 타인들이 유사한 또는 개량 발명들을 많이 하게 됩니다. 그래서, 최초의 발명을 한 사람이 향후 예상되는 발명에 대하여 선점하여 발명을 하고 권리화 하는 과정들을 말합니다. 예를 들어서, 연필을 발명했다면, 이후에 이루어질 만한 지우개 붙임 발명, 연필심의 개량, 연필심을 감싸고 있는 나무의 재질 관련 발명들을 예로 들 수 있습니다.

셋째, 기업에서 실시하고자 하는 신제품이나 향후 제품, 또는 기술 로드맵이 귀하의 특허권을 특허침해할 가능성이 높아야 합니다. 이게 가장 중요합니다.

넷째, 귀하의 특허가 회피 가능성이 없어야 합니다.

혹시 제품에 대하여 기술인증을 받은 경우에는 가능성은 매우 높아집니다.

나도 로열티 받는 특허괴물이 될 수 있을까?

기업으로부터 로열티를 받으려면 핵심적인 기술, 즉, 기술로드맵상의 핵심기술 길목을 지켜야 하겠지요.

여러가지 방법 중 대표적 사례를 소개해 드려 봅니다.

바로, 특허분쟁중인 사건들을 조회해보면 발명의 길목을 알 수 있습니다.

미국의 경우에는 미국무역위원회 홈페이지 및 대법원에서 검색이 가능합니다. 양당사가가 주고 받은 대부분의 모든 문서가 공개됩니다. 영업비밀부분만 가리고 공개됩니다.

한편, 국내의 경우에는 kipris.or.kr 에서 어느 정도는 검색할 수 있습니다. 또한, 해당 판례를 보고 싶은 경우에는 "법고을" cd 를 법원도서관에서 구매하여 판례를 자세히 볼 수 있습니다. 판례를 보면 기술적 분쟁의 이슈를 파악할 수 있습니다. 당연히 개량 발명의 방향도 분쟁중인 판례의 기술적 논점을 통하여 잡을 수 있습니다.

* 재미 있는 것은 이런 분석을 하다보면 대형사건의 경우에는 어떤 상대방이 승소할 지 예측도 가능해지며, 중요한 사건의 판결결과가(전체 매출의 30%이상 차지하는 제품) 상

장된 주식에도 크게 영향을 주는 경우가 있어서 주식투자에 참조가 될 만하기도 합니다.

정부 R&D 사업과 관련 된 발명 TIP

정부에서는 기업이나 개인의 기술개발자금을 지원하고 있습니다. 적게는 1억에서 수백에 이르기까지 다양한 금액과 분야로 지원하고 있습니다. 대학과 기업, 개인을 연결합니다.

이때 심사에서 숨겨진 팁이 있습니다.

아이디어 참신성, 기술성, 시장성 등은 당연하고요.

실제로 제가 기업들을 지원하면서 기업, 개인들이 쉽게 간과하는 것이 있습니다.

바로, 자금규모와 아이디어를 구현하는데 소요되는 비용이 잘 맞아야 합니다.

무슨 말인지 모르시겠다구요?

예를 들어서, 신청하는 알앤디 자금 규모가 50억입니다. 그런데, 볼펜의 케이스를 개발 변경하는 발명과 관련된 것입니다. 선정 될까요?

볼펜 케이스를 변경하고 발명하는 경우는 겨우 1억정도도 들어가지 않을 것입니다.

50억 규모이면 아이디어를 구현하고 개발하는데, 적어도 50억 정도가 들어가도록 신청해야 하는 것이지요. 자금의 규모와 기술 분야, 기술개발의 규모도 맞아야 합니다. 이걸 무시하면 잘 안됩니다. 예를 들어서, 중장비의 유압장치를 개량하는 발명을 한다면 50억 정도 쓰여질 수 있지 않을 까요.

2

발명 경진대회 사례와
수상케이스

아이디어 공모전 신청, 학생 발명아이디어경진대회, 발명품계
획서, 발명경진대회, 발명숙제 작성하는 요령

01. 우선, 해당 아이디어에 대하여 종래에 있었던 선행기술들을 조사합
니다. 외국은 힘드니, 일단 KIPRIS.OR.KR 한국특허정보원에서 해보시
구요.

02. 발명의 동기를 작성합니다. 실생활에서 있었던 문제점과 접목하여
상세하게 작성합니다. 도면이 들어가면 더 좋구요. 수업시간에 배운 수
학이나 과학의 원리가 들어가 있다면 더욱 좋습니다. 학생들의 경우 가점

포인트가 되기도 하지요.

03. 발명의 구성에 대하여 설명합니다. 이때 도면은 필히 들어가야 합니다. 발명의 구성을 쉽게 알 수 있도록 작성하시면 되며, 제작에 필요한 정도의 치수 등이 들어간 정확한 도면은 작성하지 않아도 됩니다. 발명의 구성을 1차 시도하여 실패한 사례와, 실패한 사진과 도면 을 제시합니다. 다음, 2차로 개량하여 성공한 이유를 구체적으로 기재하고 사진이나 도면을 넣으면 더 좋습니다. 즉, 실패의 과정까지 체계적으로 공개하면 좋습니다.

도면을 그리시고, 도면에 도면부호 1,2,3 등을 화살표로 뽑아서 기재하시기 바랍니다.

예를 들면 다음과 같습니다.

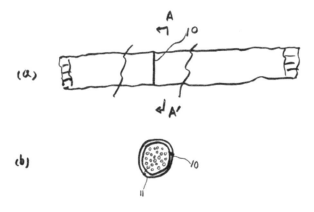

(위 사례는 손으로 그린 사례입니다)

*도면 작성사례를 아래의 케이스를 참조하시기 바랍니다.

발명대회에 나가는 도면은 전문적인 캐드 프로그램, 3D등의 전문적인 프로그램을 사용하여 도면을 작성하지 않아도 무방합니다. 발명을 충분히 설명할 수 있도록 작성되면 됩니다.

04. 발명의 효과에 대하여 상세히 기재합니다.

기존의 제품과의 차별성을 부각 시키시구요. 예를 들어서, 볼펜을 처음 발명했다면, 과거의 붓이나 만연필에 비하여, 가지고 다니기 편리하고, 계속적으로 많은 글자를 쓸 수 있다.

또한, 먹물이나 잉크를 가지고 다니지 않아도 되고, 잉크가 손에 묻을 염려가 없다는 것 등으로 기재할 수 있을 것 같습니다.

05. 제작방법을 기재합니다. 제작방법은 간단하게 하셔도 됩니다.

제작되는 과정이나 준비물을 준비한 사진도 첨하면 좋습니다.

경우에 따라서는 실제제품을 제작해야 합니다.

다만, 학생의 경우에는 돈이 많이 들어가는 고가의 제품의 경우 모형으로 제작하는 것이 허용되기도 합니다.

모형을 제작하여 발명의 원리를 설명할 수 있으면 됩니다.

시제품은 아크릴이나 나무 등으로 제작하여 발명의 원리를 설명하는 것도 방법입니다.

아래는 실제 작성사례입니다.

이하의 표에 기재된 자료는 발명경진대회 실제 출전한 자료입니다.

또한, 실제로 수상한 작품설명서입니다.

작품명	두 개의 사다리꼴 모형 편자를 서로 지그재그로 맞물려서 하나는 고정하고 다른 하나는 수평으로 이동하게 하여 높이를 조정할 수 있는 대형가구 수평조절 편자		부 문	
구분	성명	소속		학년(직위)
출품자	홍길동	○○고등학교		1학년
지도교원				

1. 탐구(연구) 동기

가. 최근 옷장의 위치를 옮기던 중 옷장의 수평이 맞지 않아서 옷장 받침대 아래쪽에 종이를 끼워 넣어서 장의 수평을 맞추는 수평조절 편자를 생각하게 되었다.

나. 종이를 끼워 넣을 경우에는 시간이 지나면 종이가 눌려져서 다시 높이가 낮아지고 수평이 맞지 않는 문제가 다시 발생하게 된다.

다. 이러한 문제점을 해결했으면 한다.

라. 장롱은 넣어진 물건이나 방바닥, 기타 여건으로 항상 수평을 맞추어야 한다. 그렇지 않으면 나무농의 경우 나중에 뒤틀어져서 문제가 된다.

2. 탐구(연구) 내용

가. 장롱의 하부에 편자를 두 개를 넣기로 하였다.

나. 편자의 형태를 어떠한 형태로 할지에 대하여 연구하였다.

다. 평평한 형태의 편자를 넣을 경우에는 편자를 밀어도 조정이 되지는 않았다. 사다리꼴 모양의 편자를 서로 지그재그로 맞물리게 하면 사다리꼴의 경사면을 타고 높이가 조정될수 있다는 것에 착안하였다.

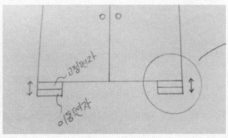

3. 탐구(연구) 결과.

가. 아래와 같이 장롱의 다리 밑에, 사다리꼴 모양의 편자를 서로 반대로 맞물린 다음 상단에 있는 편자(고정편자)는 농에 고정했다. 하단의 편자는 수평방향으로 이동할수 있는 이동편자이다.

나. 장롱의 다리를 약간 들고 작은 망치로 살살 치거나 밀면 이동편자가 수펴방향으로 이동하고 고정 편자를 포함한 장롱의 다리위치는 수직이동하여 올라가게 된다. 즉 고정편자는 농다리에 고정되 어 있는 상태에서 이동편자를 약간 뒤 로 밀면 사다리꼴 원리에 의하여 경사 면을 타고 수직 방향으로 편자의 높이 가 높아지게 되는 것이다. 경사면에는 단차를 계속 주어서 이동된후 움직이지 않토록 하였다.

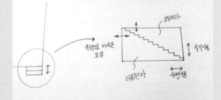

아래 사진은 이동편자의 이동에 따른 높이변화를 나타내는 사진이다.(높이변 화를 느낄수 있도록 샘플을 제작한 것이고 실제는 미세하게 단차를 조정하여 적용도 가능하다)

다. 아래그림은 한단계만 이동편자를 수평이동시켰을 때 수직방향 으로 높아진 장동 상태 사진이다. 발명의 원리를 표현하기 위 하여 계단의 단차를 높게 하였다.

라. 실제로는 다음과 같이 단차를 미세하게 만들어서 높이를 미세하게 조정하면서 장롱의 수평을 미세하게 조정할수 있게 된다.

마. 아래 사진은 장롱의 하단에 고정편자가 고정된 상태를 나타내는 사진이다.

—————————— 작품 설명표 (챠트) ——————————

제62회 경기도과학전람회 ○○대회
○○○에 관한 연구

작품
번호

○○부문   ○○학교 ○학년 ○○○
○학년 ○○○
지도교사 ○○○

1. 연구동기 및 목적

대형 가구나 장롱의 겨우에는 이사나 이동후에 수평을 맞추어야한다. 편리하게 수평
을 맞추고자 하며, 맞춘후 수평을 계속유하고자 한다.

2. 연구 방법 및 내용

도형의 원리를 이용하기로 하고, 다양한 도형중에서 사다리꼴 형태의 경사면을 서로
마주하게 하였다. 한 개의 사다리꼴 형태의 편자를 고정(고정편자)시키고, 다른 한
개의 이동편자는 고정편자와 경사면을 서로 접하여 하단에 위치시킨다. 수평이 맞지
않을 경우에는 하단의 이동편자를 앞으로 밀면 높이가 조정된다. 경사면에는 계단형
의 단차를 주어서 미끄러지지 않게 한다.

3. 연구 결과

두 개의 사다리꼴 모형 편자를 서로 지그재그로 맞물려서 하나는 고정하고 다른 하
나는 수평으로 이동하게 하여 높이를 조정할 수 있는 대형가구 수평조절 편자를 발
명하게 되었다.

4. 결론 및 제언

도형의 원리를 이용하여 이동편자를 수평이동하며 놓은 수직방향으로 이동하는 운
동의 방향을 수평에서 수직으로 전환시키는 방법을 제언하게 되었으며, 향후에 장
롱이외에 다른 분야에서도 수평운동이 수직으로 바뀔수있도록 하는 착상을 얻게되
었다.

┌─── 【학생발명 대회 출품 후 수상작】────────────

● 출품 작품명: 손끼임 방지문
● 작품설명: 도어 손잡이를 회전시킴과 동시에 손잡이에 손끼임방지구를 장착하여, 문틀
과 도어 사이에 손이 끼는 것을 방지함. 도어손잡이의 위치가 평상시위치(A위치) 및 보호
위치(B위치)로 회전되게 하고 손끼임방지구를 밖으로 연장할수 있는 것을 특징으로 함

사진	설명
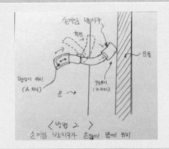	제작을 위하여 최초에 그림으로 표현해 본것임.손끼임 방지구를 손잡이 밖에 장착하는 타입과(방법1), 안에 장착하는 방법을 연구하였고, 최종은 밖에 장착하는 구조로 채택함(제작의 편리성 때문) 좌측 그림에 방법2를 채택함
	일반적인 사용상태를 나타내는 사진
	손가락 보호를 위하여 손잡이의 위치를 문틀 방향으로 회전시켜서 문틀과 도어 사이에 손끼임방지구 및 손잡이 끝단이 위치하게 한 상태: 문이 닫혀도 문틀과 도어 사이에 틈이 있어서 손이 끼이지 않음
	뒤를 찍은 사진으로 회전하게 하기 위하여 기둥에 둥근고리를 붙여서 안정적으로 회전할수 있도록 함. 추가적으로 회전의 범위를 정하기 위한 추가적 계획을 가지고 있음

3

발명, 선행기술조가 중요하다.
무작정 발명하지 않기

발명이 떠 올랐을 때 즉시 해야 하는 것은?

발명이 떠 올랐을 때 또는 모든 발명이 특허나 실용신안 등록을 받을 수 있는 것은 아닙니다.

발명이 특허로서 권리가 되기 위해서는 여러 요건(신규성 , 진보성[7] 등) 들을 만족 시켜야 하기 때문입니다. 위 요건 중에서 가정 먼저 확인해야 할

---

[7]발명이 되기전에 공개된 기술들과 비교하여 효과나 여러가지 측면에서 개량의 정도가 현저한지를 보는 것입니다. 법률용어를 동원하지 않고 일반인들이 이해할 수 있는 정도에서 설명드리기 때문에 이점 이해하여 주시기 바랍니다.

것이 신규성[6] 여부 확인입니다.

신규성은 특허조회 및 특허검색을 통해 확인 할 수 있습니다.

물론, 특허검색사이트에서 조사를 한다고 해서 100% 걸러지는 것은 아닙니다.

내가 발명하려는 아이디어가 다른 사람이 먼저 발명하지 않았는지를 확인 하는 것입니다. 많은 사람들이 특허 검색을 대수롭지 않게 생각하고 있는데, 조사를 하지 않을 경우 발명이 매우 비효율적이 될수 있습니다. 사업화까지 하는 경우에는 낭패를 볼수 있습니다. 특허권이 존해하는 것을 무심코 본인만 새롭다고 생각하여 발명으로 여기고 사업한다면 어떨까요? 재앙이 될 수 있습니다.

다른 사람이 이미 발명한 기술이나 아이디어를 중복해서 연구한다면 이는 개인적으로나, 국가적으로나 큰 낭비이기 때문에 신규성이 없는 기술이나 발명에 대해서는 발명에 대한 연구를 하지 않는 것이 좋을 것 입니다.

따라서 발명의 착상이 떠올랐다면 가장 먼저 조사를 해야하고, 특허출원에 앞서 먼저 해야 하는 것은 바로, 선행하는 특허검색.조사입니다.

좋은 아이디어 떠올라 특허출원을 고려한다면 더욱 그렇습니다.

중복되거나 비슷한 것이면 일단 배제하고 발명의 방향을 수정하는 것이 경제적으로나 기술발전을 위해서도 합리적입니다.

---

6) 발명이 되기 전에 공개된 기술과 비교하여 새로운 것이 있는지 여부를 말합니다. 이부분은 법률적 용어를 사용하지 않고 일반인들이 이해하기 평이한 언어를 사용합니다.

선행기술조사 기관

- 국내특허 검색 가능한 사이트

- 특허정보원(http://www.kipris.or.kr)

- 특허 및 지적재산권 조사분석 회사

- 선행기술조사 분쟁예방조사 회사 www.ipspider.co.kr

- 해외특허 검색 사이트

- 일본: www.ipdi.inpit.go.jp/homepg_e.ipdl

- 미국: www.uspto.gov/patft/index.html

- 유럽: http://eu.espacenet.com

- 캐나다: http://patents1.ic.gc.ca/intro-e.html

- PCT: http://www.wipo.int/ipdl/en

특허 선행기술 조사 방법에 대하여 알아 보겠습니다.

　발명 특허는 대부분 기존기술의 조합으로 만들어지는 경우도 많습니다.
　발명이 a,b,c,d,e 구성으로 이루어진 발명인 경우, 5가지 구성요소 a,b,c,d,e 모두 새롭지 않고, 한개나 두개 d 나 d,e 정도만 새로운 구성요소가 추가된 경우가 많습니다.
　그러니, 본인의 발명에 포함된 기술중에서 이미 존재했던 것과 본인만의 새로운 것이 어떤 것인지 알아야 겠지요.
　선행기술은 최소 한국, 미국, 일본 등에 대하여 이미 출원되어 있는 발명

특허기술을 살펴야만 진보성있는 권리를 확보하는데 유리해집니다.

특허 선행기술조사 방법에 대하여 알아 보겠습니다. 조사 방법은 별도의 다음 목차에 있으므로 참조하시기 바랍니다.

01. 해당발명의 기술요지를 파악합니다.

예를 들어서, 연필에 지우개를 붙여서 편리성을 더했습니다.

이런 경우, 연필도 있었고, 지우개도 있었습니다. 두개를 끝에 결합한 것이 요지입니다.

02. 발명의 선행기술조사 키워드를 선정합니다.

키워드는 연필, 지우개, 결합 등입니다.

03. 발명이 주로 많이 사용되고 있는 국가를 선정합니다. 예를 들어서, 김치관련 발명이라면 주 생산국인 한국이라고 할 수 있겠죠. 선행기술조사 해당국을 설정합니다.

김치관련한 발명도 최근 증가 하고 있습니다. 김치가 산업화되면서 일어나는 현상입니다.

04. 선행기술조사를 통하여 유사한 선행발명특허들을 골라 냅니다. 기술들을 추출해 냅니다. 특허무료조사 사이트 또는 유료 사이트를 통하여 유사기술들의 특허공보를 다운 받습니다.

05. 종래에 존재하는, 발명하기 전에 유사하게 존재하는 기술들의 요지를 정리합니다. 다음으로 종래의 선행기술들의 핵심적인 부분들을 정리합니다.

06. 비교표를 작성합니다.

예를 들어서, 지우개 붙여진 연필을 발명 했는데, 종래의 기술들을 보니, 지우개를 연필에 부착하지는 않고, 끈으로 연필 끝에 매단 종래기술이 나왔다고 가정하겠습니다.

그러면 비교표는 다음과 같습니다.

종래기술	본 발명	유사여부
연필	연필	동일
지우개	지우개	동일
끈으로 매달음	고정 부착	다름

07. 종래기술과 본인의 발명에 대하여 의견을 작성하여 결론을 도출하시기 바랍니다.

의견 작성사례를 아래와 같이 정리드립니다. 논리의 전개 방식을 참조하세요

위 표에서 보는 바와 같이 본인의 발명은 연필, 지우개, 고정부착이라는 기술로 되어 있다. 그런데, 종래의 기술에도 연필과 지우개는 존재한다. 그렇다면, 차이점은 고정부착이라는 기술적 요소이다. 고정부착이라는 기술의 특이성이 있는지 판단하여 보면 될 것이다. 과거의 연필과 지우개가 끈으로 연결되어 매달은 것은 문제점이 있다. 사용자가 이동 시에 주변에 걸리적 거리고 끈이 걸려서 끊어질 수 있다. 문제점이 있습니다.

그러나, 본인은 발명은 지우개를 연필에 고정한 것은 장점이 있습니다. 걸리적 거리지 않으며, 끈이 끊어질 염려가 없으며 보관도 편리합니다.

따라서 과거의 끈연결 방식 기술에 비하여 충분한 효과가 있다고 생각되

므로 새롭고 진보된 것으로 생각될 수 있습니다.

어떻습니까. 여러분은 끈으로 연필 끝에 지우개를 달고 다니는 것과, 지우개를 연필끝에 고정한 발명은 비교해 볼때 어떤 것이 더 진보되었다고 생각되시나요, 아니면 각각 발명으로서의 가치가 있다고 생각되시는 지요, 한번 생각해보시기 바랍니다.

선행기술조사 일반적인 사례를 소개해 드립니다.

국내의 경우입니다.

www.kiprs.or.kr 에서 국내외 특허들의 검색이 가능합니다.

초기 화면입니다. 회원가입 없이 무료로 검색이 가능합니다.

윗 그림 상단에 특허실용신안을 클릭하시기 바랍니다.

특허실용신안 아이콘을 클릭하시면 다음과 같은 창이 나옵니다.

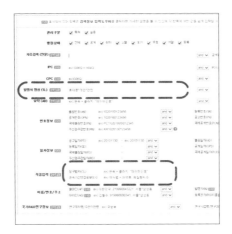

여기에서 발명의 명칭에 "휴대폰 개인 안전" 을 입력하면 각각의 단어를 모두 포함하는(and) 검색결과가 나옵니다. 청구항에 기재된 단어로도 검색 가능합니다.

출원인, 발명자, 대리인 별로, 출원일자 등으로도 다양하게 검색이 가능합니다.

상단의 메뉴 중에서 심판을 클릭하시면 다음과 같은 창이 나옵니다.

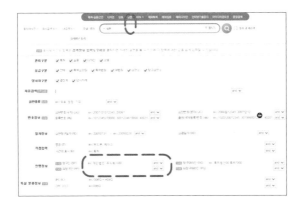

여기서, 심판청구인, 또는 피청구인별로 검색이 가능합니다. 분쟁중인 회사나 특허들을 검색할 수 있습니다. 이자료를 통해서 시장을 일부 파악할수 있습니다.

특허분쟁이 많다는 것은 충분한 시장성이 있다는 것을 반증합니다. 분쟁 중인 회사들의 심판 심결문을 볼 수도 있습니다.

특허분쟁이 심한 기술분야는 로열티가 나올 수 있는 분야입니다.

종래에 발명이 있는지 선행기술조사를 해야 하는 이유에 대하여 알아 보겠습니다.

필자는 기업가나 발명가, 연구원들이 특허선해기술조사를 항상 습관처럼 해야 한다고 강조하고 있습니다. 그렇지만, 그것의 중요성을 깨닫는 사람들은 별로 없습니다.

첫째, 신제품을 출시하기 전에는 꼭 해야 합니다.

선행기술조사 중에서도 특별히 특허침해조사를 사전에 하시면 더 좋습니다. 신제품이 선행하는 특허권에 저촉되는지 여부를 파악할 필요가 있습니다.

신제품 출시하자 마자 특허침해 경고장을 받으면 안되니까요~

사업에 막대한 지장을 초래하겠지요

둘째, 해외로 수출하기전에 꼭 특허 선행기술조사 중에서도, 위와 동일하게 특허침해조사를 실시하시기 바랍니다.

특허침해가 있으면 졸지게 해당국의 관세청에서 막힐 수 있습니다.

통관절차에서 아예 막혀서 수출이 되지 않을수도 있다는 것입니다. 그리고 해외 특허소송은 비용이 어마어마 합니다. 해외에서 진행하는 특허소송 비용은 국내 비용의 최소 10배~100배 입니다.

최소 USD 300만불 ~ 3,000만불 이상 일 수도 있습니다.

필자가 기업 특허팀이나 법무팀장으로 일할 당시에 미국 로펌에서 청구된 비용이 매달 USD 1백만불이 1년 내내 청구된 적도 있었습니다. 1년이면 백억이 넘어가네요~ 억이 아니라 헉~ 소리가 나지요.

더 심한 경우 매달 20억이 연속 청구되는 경우도 있다는 것입니다. 여타 경비는 제외하고 오직 로펌 청구서에 찍힌 것만 그럴 수도 있습니다.

물론, 이경우는 특이한 경우인데요.

이런 문제를 그 적은 비용의 조사비용(1/1,000)으로도 막을 수 있다는 말입니다.

셋째, 특허소송 전후에 하시기 바랍니다.

특허소송은 기술적 이슈입니다. 방어자 입장에서는 특허무효조사 를 실시하시기 바랍니다. 공격하는 자 입장에서는 특허성의 강도를 평가해보시기 바랍니다.

이것이 특허소송의 성패를 좌우합니다.

소송비용 100억보다 정밀한 특허조사가 더 유효합니다.

넷째, 특허경고장을 받았다면 즉시 하시기 바랍니다.

특허경고장을 받은후에 걱정이 많으시다면, 즉시 하시기 바랍니다.

특별히, 우회기술조사와, 특허무효조사[8]를 추천드립니다.

잠을 푹 자실수 있습니다.

다섯째, 특허 등의 형사고발을 당하였다면 하시기 바랍니다.

특허 형사고발을 당한 사람은 스트레스가 이만 저만이 아니죠?

잠을 못자신다고 들 하십니다.

내가 어느 위치인지 몰라서 그렇습니다.

내가 실시한 기술이 자유롭게 누구나 실시할 수 있는 기술인지, 특허권 내인지 여부를 몰라서이죠.

한편, 자유기술이란, 특허출원일 이전에 공개된 기술이거나, 공개된 기술의 단순한 조합에 불과하거나 종래 공개된 것과 동일하여 누구나 실시할 수 있는 기술(free 영역)을 의미입니다.

---

8) 발명을 하기전에 존재하는 공개된 기술이나 발명으로부터, 해당 발명을 용이하게 발명할 수 있다든지, 또는 동일한 발명들이 먼저 존재하는지 여부를 조사하는 것입니다. 즉, 발명이 특허가 되었지만, 선행하는 특허나 기술이 동일하거나 너무나 유사한 기술을 쉽게 조합하여 만들수 있는지 여부를 조사합니다. 전세계적으로 발명이 특허된 이후에 분쟁과정에서 무효가 되는 경우는 매우 흔한 사례입니다.

여섯째, 정부 알앤디과제 신청시에도 유효합니다.

연구과제를 신청하면서 동일한 기술이 있으면 유리할 수 없습니다.

미리 미리 조사하여 유리한 기술내용으로 정리하여 연구과제를 신청하시기 바랍니다.

선행기술조사가 이렇게 유용하군요~

선행기술조사라고 통칭하여 말씀드렸는데요, 특허침해조사, 특허무효조사, 특허성평가 조사 등으로 나눌 수 있으며, 선행기술조사는 실무적으로 간단하게 발명전에 있었던 기술들을 조사하는 것을 의미합니다.

선행기술조사는 발명이 특허등록되는 과정에서 어떤 영향을 미치게 될까?

토목자재를 생산하던 A 기업은 최근 특허등록을 받았습니다.

특허등록을 받기 전 심사과정에서 의견제출통지서를 2회 받고,

재심사도 해야 했으며, 우선심사[9]를 했음에도 불구하고,

기간이 11개월 이상 오래 걸렸으며, 청구항도 많이 삭제했습니다.

그러다 보니 특허 청구항은 많이 축소되었습니다.

---

9) 일반적인 심사보다 우선하여 빨리 진행하는 것을 요청할수 있으며, 추가적인 비용을 지급하거나 일정요건이 되는 경우 가능합니다.

반면, 경쟁사 B 사는 탄탄한 청구항을 가지고,

우선심사로 6개월이내에 간단한 보정만으로

특허증을 받게 되었습니다.

물론, 특허청구항도 잘 받았구요,

A,B의 차이는 뭘까요?

B사는 특허출원전에 철저한 선행기술조사를 통하여

종래기술과, 본인기술의 방향을 잘 정리하였습니다.

이를 통하여 청구항도 합리적으로 잘 작성하고, 특허명세서도 잘 작성되

었습니다.

그러니, 쉽게 등록이 된 것입니다.

선행기술조사 방법 중에서 가장 중요한 것은 무엇 일까요

첫째로 자기 기술을 잘 정리하는 것입니다.

그리고, 자기 출원예정, 또는 실시예정 기술에 대하여

핵심적 기술사항을 파악하고,

조사할 핵심을 간단히 정리하는 것입니다.

그런 다음 기술요소를 추출하여, 그 기술요소

를 키워드로 바꾸어, 기술요소와 키워드를

최소한 한,미,일 정도는 조사를 해야 합니다. 그리고 분석해야 합니다.

동일.유사한 기술이 이미 존재하는 것이 명확하다면

출원의 방향과, 신제품의 방향도 잘 조정을 해야 합니다.

이때, 신제품의 방향을 바꿀 때, 동일한 것이 있다고 하여 무조건 제품컨셉을 바꿀 필요는 없습니다.

선행기술이 이미 공지.공용된 것이고,

사업하는 국가에서 특허권이 존재하지 않거나,

거절결정되었고, 좋은 기술이라면, 즉, 해당 선행기술조사 자료들이 이미 공지되어 누구나 쓸 수 있는 자유로운 기술이라면 일부 채용을 하는 것도 연구개발의 한 방법입니다.

오래전에 공개되어 특허권이 실효되고 자유로운 기술로 공개되어 있는 경우에는 특허의 핵심적 내용으로서 채용하기엔 부적합 하지만, 실제 제품을 만드는 데는 공지된 기술이 좋은 기술이라면 채용하는 것도 방법일 수 있단 의미입니다.

이러한 것은 선행기술조사를 잘 활용하는 방법이고, 특허의 등록과정에서도 효과적으로 작용하게 됩니다.

4
발명의 보호 노하우
(권리위에 잠자는 자는 보호 받지 못한다)

발명 특허 피해가기도 가능하다?
회피설계[10] 가 가능하다?
특허 피해 사업하기 불법인가?

특허침해 문제는 모든 기업들이 가지고 있다. 또한, 세상에는 많은 발명 특허들이 있다.

그런데, 특허가 있다고 하여 그 제품을 만들 수 없을까. 침해문제 때문에?

그렇죠. 저촉이 되는 특허가 있다면 생산을 하면 안되지요.

특허분쟁이 발발했을 때, 특허들의 50%이상은 무효가 되기도 한다.

이말은 어떤 의미일까. 또한, 상당수의 특허들은 회피가 가능한 경우도 있다.

해당 제품의 시장성이 좋다면,

특허에 대한 회피를 과감이 시도할 필요가 있다.

발명 특허권자는 그런 측면에서, 철저하게 포트폴리오를 구축해야 한다는, 반어적 의미도 있다. 특허를 달랑 한개만 내놓고 있으면 경쟁사의 개량 발명들에 의하여 주위를 포위당할 수도 있다.

특허회피설계 절차와 방법에 대하여 알아보자.

해당특허부터 조사를 해야한다.

이후, 미국.일본.유럽 정도의 특허동향을 파악한다.

특허무효가능성을 조사한다.

공지기술영역과 특허기술영역을 구분한다.

특허기술영역 중에서 회피가능한 한 영역을 구분해 낸다.

---

10) 특허회피가 뭐야?
특허권과 저촉되지 않는 기술을 개발하는 것을 회피설계라고 합니다.
예를 들어서,
앞에서 언급한 연필의 발명 청구항 권리범위가,

예를 들어, 봉형태로 가공한 나무,
나무의 중심에 길이 방향으로 심어진 흑심

라고 발명의 청구항이 되어 있는 경우에,

이와 저촉되지 않는
봉형태의 플라스틱과,
플라스틱 봉의 외측 벽면에 길이 방향으로 부착된 석유제품으로 이루어진 잉크물질
로, 특허와 저촉되지 않는 회피설계를 시도 할 수도 있을 것입니다.
위 예는 예제일 뿐입니다.

회피가능 영역에 대하여

최종적으로 실시가능한지 분석한다.

최종 실시기술이 특허와 저촉되는지 여부를 분석한다.

위와 같은 과정을 거치게 되는데요.

매우 전문적인 영역이기도 하고, 더불어 해당기술에 대하여

충분히 알고 있는 것도 중요합니다.

위에서 언급한 연필에 지우개를 부착하는 기술의 경우에는 회피를 할려면 고정 부착을 하지 말아야 합니다. 그냥 종래에 이미 공개되어 끈으로 매달음 기술이 특허의 존속기간 20년을 넘어서 특허권이 풀려 버렸다면, 해당기술은 실시해도 되겠지요. 반면 고정부착하지 않고, 예를 들어서, 연필의 일측에 삽입하여 넣었다 뺏다 할수 있는 구조라면 "고정부착" 이라는 청구항의 단어를 회피할수도 있습니다. "수도" 있다고 표현하는 것은 사실 최종 침해인지 여부, 회피가 되었는지 여부는 대법원의 최종 판결이 아니면 최종적으로 알수 있는 방법은 흔하지 않습니다. 다만, 실무상 보편적으로 보아서 그렇다고 하는 것입니다. 또한, 저촉 여부를 판단하면서 균등론이란 언어가 있는데, 이책을 통하여 언급하기에는 합리적이지 않아서 언급하지 않습니다.

그리고, 청구항이 연필, 연필 끝단에 고정부착된 것을 특징으로 한다. 라고 가정했을때 입니다.

종래기술	본 발명	유사여부
연필	연필	동일
지우개	지우개	동일
끈으로 매달음	고정 부착	다름

위 표에서 보는 바와같이, 끈으로 매달음에 대하여 고정부착을 통하여 회피하게 되는 것입니다. 청구항은 모두 일치해야 저촉가능성이 생기므로 일부가 불일치하게 되면 회피가능성이 열리게 될 수 있습니다.

그러므로 발명 한후 특허권을 취득한 기업이나 발명자는 출원시에도 긴장해야 하고, 출원후에도 항상긴장하고, 개량발명들을 꾸준하게 해야 합니다. 그렇지 않으면 경쟁사들은 해당 발명특허의 우회회피기술을 연구하여 사업에 진출하거나, 개량특허들을 선점하게 되는 것입니다.

기업 또는 개인의 발명의 제안서, 명세서
중요부분 작성하는 방법에 대하여 알아 보겠습니다.

발명을 하셨다면, 앞서 언급한 바와 같이, 그 발명에 대하여 권리의 보호를 위하여 특허, 실용신안, 저작권, 디자인, 상표 등 다양한 지식재산권에 대하여 동시에 생각을 하실 필요가 있다. 통상 특허 및 실용신안을 먼저 생각하게 된다. 이것에 필요한 발명의 명세서라는 것중에서 일부 요지를 작성하는 방안에 대하여 설명한다. 아래 자료는 필자의 20여년 전 습작에 가까운 발명 사례입니다.

발명을 했으면 그것을 권리화 할 필요가 있습니다.

즉, 특허화 해야 겠습니다. 최종적인 작성은 전문가인 특허대리인들을 통해서 처리하는 것이 좋습니다. 그렇지만, 발명의 당사자가 가장 중요한 명칭, 효과, 구성, 청구범위 정도를 작성해서 넘긴 다면 매우 효과적일 것으로 생각됩니다.

이하는 도어에 대한 발명의 실제 명세서 중에서 일부를 발취하여 설명드리겠습니다.

발명의 명칭은 간결하게 작성하는 것이 좋습니다.

1. 발명의 명칭 작성 방법

예를 들어 도어 분야에 대하여 이하 설명하기로 합니다.

"안전 도어 및 창문" 입니다. 이 경우, 한개의 발명에 "도어"와 "창문" 두 개가 들어가 있어서 합리적이지는 않다고 할 수 있습니다. 하여간 대략적인 작성방법을 알려드리기 위한 것이므로 논외로 하겠습니다. 발명은 한개의 명칭이 들어가도록 하는 것이 합리적입니다.

명칭에 기능적 특징을 넣어서, "외부 침입 시 알람기능을 가지는 도어" 등으로 기재하기도 합니다. 하지만 권리보호 차원에서는 간단히 작성하는 것이 좋습니다.

2. 도면의 작성 방법

도면을 작성하는데 있어서, 발명자들이 가끔 하는 질문이 있습니다. 치수가 정확해야 하나요? 답변은 필요하지 않습니다. 일반적으로는 치수가 발명의 내용을 구성하고 있지 않는 경우에는, 도면이나 그림은 발명의 기술적 요지가 잘 나타나 있으면 됩니다. 도면의 요지를 그린 후, 특정한 부위에 번호를 부여하는 것이 좋습니다. 예를 들면 아래와 같이 작성할 수도 있습니다.

도면을 작성하시면서 시제품이 있어야 합니까? 이런 질문도 자주 합니다. 시제품은 없어도 발명에 대한 특허화 출원은 가능할 수 있습니다. 대부분의 특허출원들이 시제품이 없이 출원하는 경우가 많습니다.

도면의 작성사례 입니다. 아래에서 보는 바와 같이, 창문(20) 및 창틀(10) 사이에 잠금 역활을 하는 기계장치(40)을 넣어서 잠긴 후에 버튼을 눌러서 해제하기 전까지는 열리지 않토록 하는 구성으로 보입니다. 호텔 등에서 문이 잠긴 후에 열리지 않는 원리도 비슷할 것으로 사료됩니다.

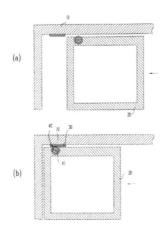

3. 기술분야 작성하는 방법

기술분야는 해당하는 제품이 어떤 분야, 예를 들어서, 자동차 분야에서 핸들에 관한 분야인지, 엔진에 관한 분야인지, 기술 분류를 하기 위한 것입니다.

본 설명에서는 "본 발명은 안전 도어 및 창문에 관한 것으로서, 특히 도어의 상단 및 하단면에 제 2잠금수단을 구비하여 문을 닫음과 동시에 도어가 자동으로 쇠정되도록 하는 안전 도어 및 창문에 관한 것이다" 라고 예시 하겠습니다.

* 대리인을 특정 직역으로 기재하지 않고 그냥 법률 대리인으로 칭합니다.

4. 발명의 구성 및 작동방법 작성방법

발명의 구성 및 작동방법은 제 3자가 해당 설명만을 보고도 충분히 실시할수 있을 정도로 상세히 기재하는 것이 좋습니다. 다만, 발명자들은 전문 대리인에게 맡기기 전에 작성하는 것이므로 형식에 구애받지 않고, 제3자에게 설명하기 편리하도록 작성하시면 됩니다. 다면, 아래의 형식은 일반적으로 특허출원을 위하여 발명의 구성 및 작동에 대하여 설명할때 사례이므로 참고로 훅~~ 하고 대략 읽어만 보시고 아~~ 이런 틀이구나 하고 이해만 해주시기 바라며, 이하, 간단히 속독을 부탁드립니다.

이하, 사례를 적어드립니다. 통상적으로 도면은 도면대로 나열하고, 설명은 설명대로 나열하지만, 독자의 편의를 위해서 도면을 바로 아래 넣어서 기재합니다.

이하, 첨부된 도면을 참조하여 본 발명을 설명한다.

본 발명은 도어의 측면에 적어도 하나 이상의 제 2잠금수단을 구비하고, 제 2잠금수단에 대응하는 제 1잠금수단을 구비하는 것으로서, 본 발명은 일반적인 현관문 또는 창문 등 각종의 도어에 적용가능한 발명이다. 한편, 제 2잠금수단은 라쳇기어이고, 제 1잠금수단은 래크기어이다. 도 1(a)는 본 발명에 의한 안전창문을 나타내는 평면도이고, 도 1(b)는 본 발명에 의한 안전창문을 나타내는 정면도이고, 도 2(a)는 도 1(a)의 A-A'면을 단면처리한 상태에서의 작동상태를 나타내는 도면이고, 도 2(b)는 도 1(a)의 A-A'면을 단면처리한 상태에서의 작동상태를 나타내는 도면이다.

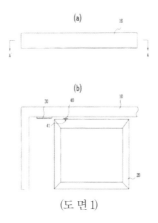

(도 면 1)

제 2잠금수단(40)은 창문(20)의 측면(2)에 적어도 하나 이상이 장착되는데, 제 2잠금수단(40)에 대응하여창틀(10)의 내측 벽면에 제 1잠금수단(30)이 고정된다. 제 1잠금수단(30)의 중심은 볼록한 형태로 구성할수 있다. 제 2잠금수단(40)는 버튼(41)에 의하여 수평방향으로 유동가능 하도록 장착된다. 한편, 제 2잠금수단(40)은 일방향으로는 공회전이 되고, 역방향으로는 공회전되지 않는 기어이다. 한편, 상술한 제 2잠금수단(40)은 창문(20)

의 상부면 또는 하부면에 적어도 하나이상 장착되어지며, 각각의 제 2잠금수단 (40)이동하는 경로에는 각각 제 1잠금수단(30)이 고정되어진다. 창문이 열린 후에 슬라이딩되어 닫힐 경우에 제 2잠금수단(40)이 제 1잠금수단(30)에 접하게 되고, 제 2잠금수단(40)은 제 1잠금수단(30) 상에서 회전되면서 창문(20)이 닫힌다. 이때, 제 2잠금수단(40)은 제 1잠금수단(30) 상에서 맞물려서 공회전되고, 문이 닫힌 후에 제 2잠금수단인 라쳇기어(40)가 역회전 되지않기 때문에 문은 자동으로 쇠정 된다. 문을 열때는 버튼(41)을 움직여서 제 2잠금수단(40)이 제 1잠금수단(30) 상에서 이탈되도록 한다. 제 2잠금수단(40)이 제 1잠금수단(30) 상에서 이탈되면 도어를 열수 있다.

도 3은 본 발명에 의한 안전창문의 또다른 제 1 실시예를 나타내는 도면으로서, 제 1잠금수단(30)의 위치를 중심으로 약간 이동시킨 상태로서, 창문(20)을 닫게 되면 제 2잠금수단(40)은 제 1잠금수단(30)로부터 자유로운 상태가 된다. 이상태에서 제 2잠금수단(40)은 손에 힘을 들이지 않고도, 버튼(41)을 잡아 당기므로서 제 1잠금수단(30)와 제 2잠금수단(40)이 일직선 상에 위치하지 않도록 한다. 이렇게 하여 버튼(41)을 당기므로서 창문(20)을 열 수 있는 상태가 된다.

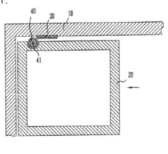

(도 면 3)

도 4(a)는 본 발명에 의한 안전창문의 또다른 제 2 실시예를 나타내는 평면도이고, 도 4(b)는 본 발명에 의한 안전창문의 또다른 제 2실시에를 나타내는 정면도이다.

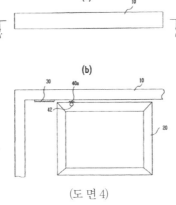

(도 면 4)

도 5(a)는 도 4(a)의 A–A'면을 단면처리한 상태에서의 작동상태를 나타내는 도면이다. 도 5(b)는 도 4(a)의 A–A'면을 단면처리한 상태에서의 작동상태를 나타내는 도면이다.

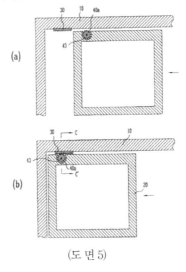

(도 면 5)

도 6(a)는 도 5(b)의 C-C'면을 단면처리한 상태를 나타내는 도면이고, 도 6(b)는 창문이 잠겨진 상태를 나타내는 도면이고, 도 6(c)는 창문이 열릴때의 상태를 나타내는 도면이다.

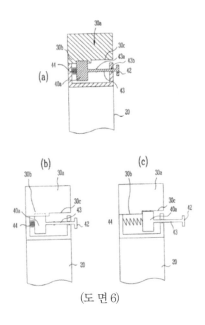

(도 면 6)

2실시예는 제 1잠금수단(30a) 및 제 2잠금수단(40a)의 형태를 달리한 구성으로서, 제 1잠금수단(30a)의 일측에는 기어부(30b)를 형성하고, 일측에는 기어를 형성하지 않는 이동부(30c)를 형성한 것이다. 제 2실시예에 의한 제 2잠금수단(40a)의 후단에는 탄성수단(44)이 장착되어지며, 제 2잠금수단(40a)에는 로드(43)이 수평방향으로 고정되어 그 단부가 창문의 몸체 밖으로 노출되어진다. 한편, 로드(43)의 단부 외측에는 버튼(42)이 장착되어진다. 한편, 탄성수단(44)은 인장스프링으로 이루어져 있다.

한편, 로드(43)에는 돌기부(43a)가 형성되어 있으며, 로드(43)가 후진 될 때 돌기부(43a)가 접할 수 있는 홈(43b)이 창문(20)의 몸체부에 형성되어 있다.

도 6(b)의 상태는 창문이 잠겨져 있는 상태로서, 제 1잠금수단(30a)의 기어부(30b)와 제 2잠금수단(40a)가 맞물려 있는 상태이다. 이 상태에서 제 2잠금수단(40a)가 후진하지 않으므로 창문(20)이 잠겨지는 상태가 된다.

도 6(c)의 상태는 창문이 열릴 수 있는 상태로서, 제 1잠금수단(30a)의 이동부(30b)와 제 2잠금수단(40a)이 접하게 되는데, 이동부(30b)에는 기어가 형성되어 있지 않기 때문에 제 2잠금수단(40a)은 이동로에서 이동되어질 수 있고, 창문도 함께 열릴 수 있는 상태이다. 한편, 돌기부(43a)는 버튼(42)을 당긴 후 돌기부(43a)가 홈(43b)에 접하여 진후 이탈되지 않도록 하는데, 이로 인하여 사용자에 의하여 한번 당겨긴 버튼(42)은 당겨진 상태를 유지 할 수 있도록 한다. 이후에 사용자가 버튼(42)을 누르게 되면 탄성수단(44)의 당기는 힘과 사용자가 누르는 힘에 의하여 돌기부(43a)가 홈(43b)에서 이탈되어짐과 동시에 제2잠금수단(40a)은 기어부(30b)와 일직선상에 한다. 이 상태에서 창문(20)을 닫으면 창문(20)이 잠겨진다.

도 7(a)는 본 발명에 의한 또 다른 제 3실시예를 나타내는 도면이고, 도 7(b)는 도 7(a)의 D-D'단면을 나타내는 도면으로서, 제 1잠금수단(30) 및 제 2잠금수단(40)의 장착방식을 달리한 것이다. 제 1잠금수단(30)은 전면에서 봤을때, 기어가 전면에서 보일 수 있도록 고정하고, 라켓기어(40)는 중심축이 수평상태로 장착하던 것을 중심축이 수직방향을 향하도록 장착한 것이다.

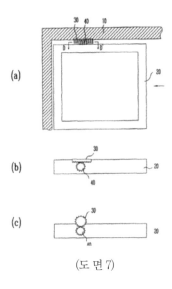

(a)

(b)

(c)

(도 면 7)

도 7(c)는 본 발명의 제 4실시예를 나타내는 도면으로서, 제 1잠금수단
(30) 대신 창틀(10)의 하부면에도 제 2잠금수단(40)을 장착한 것으로서, 창
문(20)에 있는 제 2잠금수단(40)과 창틀(10)에 장착된 제 2잠금 수단(40)이
서로 회전되어 닫힌 후, 역회전 되지 않으므로서 창문이 닫히도록 한다. 다
시말해서, 도 7(c)는 두개의 제 2잠금수단(40)을 창틀(10)과 창문(20)에 각
각 장착한 상태이다.

도 8은 본 발명을 도어에 적용한 상태를 나타내는 도면으로서, 본 발명
에 의한 안전도어는 상술한 제 2잠금수단(30)을 문짝(50)에 적어도 하나 이
상 설치하게 된다. 또한 문틀(60)의 내측벽면에 제 1잠금수단(30)을 고정한
다. 제 1잠금수단(30)의 위치는 제 2잠금수단(30)이 이동되는 경로에 위치
하게 된다.

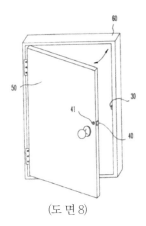

(도 면 8)

5. 발명의 효과 작성 방법에 대하여 설명드립니다.

발명의 효과는 발명으로부터 나타나는 기술적, 실질적 효능,효과에 대하여 기재합니다. 가능하면 아래에서 언급하는 발명의 청구항 구성과 직접 관련한 효과이면 더 좋습니다.

이하, 예시 입니다.

본 발명에 의하여 도둑이 만등키나 기타 첨단 장비를 이용하여 문을 열어도 문이 열리지 않으며, 문을 닫으면 문이 자동으로 잠기어 절도를 예방할수 있는 우수한 발명이다.

특히, 본 발명은 샤시로 이루어진 창문의 틈새를 제 1잠금수단 및 제 2잠금수단에 의하여 보충하므로서 창문을 밖에서 드라이버 등을 이용하여 열수 없다. 또한 창문을 잠그기 위하여 별도의 조치가 필요하지않고, 단지 버튼을 누른 후 창문을 닫기만 하면 창문이 견고하게 닫히게 된다. 또한 본 발명은 도어 밖에서 도어의 자물쇠를 도둑이 장비를 이용하여 열어도 도어가 열리지 않으므로 가정의 방범에 매우 우수한 효과가 있다.

이상 효과의 기재방법에 대하여 알아 보았습니다.

6. 발명의 보호 범위 작성방법

발명의 보호범위는 발명이 특허로서 등록이 되는 경우에, 실제 특허침해에 대한 보호 범위이므로 신중한 작성이 필요합니다. 이때, 주의할 것은 처음에 작성하는 독립항이라고 하는 것에 대하여 많은 기재를 하지 않토록 하는 것이 중요합니다. 흔히 일반인들이 많이 착각을 하는 것은 기술적 특징을 독립항에 많이 넣으면 보호 범위가 넓어 지는 것으로 착각합니다. 그렇지만 반대입니다.

구체적인 특징은 종속항이라는 곳에 기재하시기 바랍니다.

다만, 여기서는 일반적인 발명가 들은 기술의 특징이 잘 나타나도록 하여 대리인들과 협의를 하시면 좋을 것 같습니다.

아래 사례를 참고로 훅~~ 속독만 하시기 바랍니다.

독립항의 기재 사례입니다. 위에서 말씀드린 바와 같이, 꼭필요한 구성요소만 기재해야 하고, 발명에서 없어도 되는 구성요소나 과도한 기재는 권리범위를 축소하여 등록후 권리행사에 지장이 생길 수 있다는 점 참조하시기 바랍니다.

- 청구항 1

창문에 있어서, 창문의 측면에 버튼에 의하여 유동가능한 제 2잠금수단을 적어도 하나이상 장착하고, 창틀의 내측면에 상기 각 제 2잠금수단과 접할 수 있는 제 1잠금수단을 장착하므로서, 상기 창문이 닫히면서 상기 창문에 장착된 상기 제 2잠금수단이 상기 제 1잠금수단에 접하게 되고, 상기 제

2잠금수단이 상기 제 1잠금수단 상에서 역회전 되지 않으므로서 상기 창문이 쇠정되며, 상기 버튼을 당겨서 상기 제 2잠금수단을 상기 제 1잠금수단 상에서 이탈시키므로서 상기 창문의 쇠정이 해제 되는 것을 특징으로 하는 안전 창문.

종속항의 기재사례 입니다. 위 독립항의 구성요소중 일부를 구체적으로 부가하거나 한정하는 기재 입니다.

– 청구항 2

제 1항에 있어서,

상기 제 1잠금수단는 중심으로 갈수록 볼록한 구조를 가지므로서 상기 제 2잠금수단이 제 1잠금수단 상에서 쉽게 후진할 수 없도록 하는 것을 특징으로 하는 안전창문.

– 청구항 3

제 1항 또는 제 2항에 있어서,

상기 제 1잠금수단 대신 제 2잠금수단을 장착하여 상기 창문에 장착된 제 2잠금수단과 접하여 회전된 후에 상기 각각의 제 2 잠금수단이 역회전 되지 않도록 하므로서 상기 창문이 열리지 않도록 하는 것을 특징으로 하는 안전 창문.

– 청구항 4

제 1항에 있어서,

상기 제 1잠금수단은 래크기어이고, 상기 제 2잠금수단은 라쳇기어인 것을 특징으로 하는 안전창문.

- 청구항 5
제 1항에 있어서,
상기 제 1잠금수단의 기어 이빨이 전면에서 보이도록 창틀의 하부면에 고정하고, 상기 제 2잠금수단의 중심축이 수직방향이 되도록 장착하는 것을 특징으로하는 안전창문.

- 청구항 6
제 1항의 상기 제 1잠금수단 하부면 일측에는 길이 으로 기어부를 형성하고, 기어부가 형성되지 않은 타측에는 길이 방향으로 이동부를 형성하되, 상기 기어부 및 상기 이동부 사이를 횡으로 가로질러 수평이동 가능하도록 제 2잠금수단을 장착하므로서, 상기 제 2잠금수단이 상기 기어부에 접할 때에는 창문을 잠글 수 있고, 상기 제 2잠금수단이 이동부에 위 치할 때에는 창문을 열 수 있도록 하는 것을 특징으로 하는 안전창문.

- 청구항 7
제 6항에 있어서,
상기 제 2잠금수단의 일측 벽면에는 탄성수단이 장착되어 있으며, 상기 제 2잠금수단의 타측 벽면에는 로드가 수평으로 연장되어 상기 창문의 몸체부 외측으로 노출되어지는 것을 특징으로하는 안전창문.

– 청구항 8

제 6항에 있어서,

상기 로드에는 돌기부가 형성되고, 상기 돌기부가 접하여 상기 로드가 탄성수단의 탄성에 의하여 이동하지 않도록하기 위하여 상기 창문의 몸체부에 홈을 형성하는 것을 특징으로 하는 안전창문.

– 청구항 9

제 6항 또는 8항에 있어서,

상기 로드에는 돌기부를 형성하지 않으므로서 상기 로드를 사용자가 잡고 있다가 놓으면 상기 탄성수단의 인장력에 의하여 로드가 후진하게 되고, 제 2잠금수단이 기어부에 접하게 되므로서 창문이 잠길 수 있도록 하는 것을 특징으로하는 안전창문.

– 청구항 10

제 6항에 있어서,

상기 제 1잠금수단은 래크기어이고, 상기 제 2잠금수단은 라쳇기어인 것을 특징으로 하는 안전창문.

– 청구항 11

제 6항에 있어서,

상기 탄성수단은 인장스프링으로 이루어져 있는 것을 특징으로 하는 안전창문.

– 청구항 12

도어에 있어서, 도어의 측면에 버튼에 의하여 유동가능한 제 2잠금수단을 적어도 하나이상 장착하고, 상기 각 제 2잠금수단과 접할 수 있는 제 1잠금수단을 장착하므로서, 상기 도어가 닫히면서 상기 도어에 장착된 상기 제 2잠금수단이 상기 제 1잠금수단에 접하게 되고, 상기 제 2잠금수단이 상기 제 1잠금수단 상에서 역회전 되지 않으므로서 상기 도어가 쇠정되며 상기 버튼을 당겨서 상기 제 2잠금수단을 상기 제 1잠금수단 상에서 이탈시키므로서 상기 도어의 쇠정이 해제 되는 것을 특징으로 하는 안전 도어.

– 청구항 13

제 12항에 있어서,

상기 제 1잠금수단는 중심으로 갈수록 볼록한 구조를 가지므로서 상기 제 2잠금수단이 제 1잠금수단 상에서 쉽게 후진할 수 없도록 하는 것을 특징으로 하는 안전도어.

– 청구항 14

제 12항 또는 제 13항에 있어서,

상기 제 1잠금수단 대신 제 2잠금수단를 장착하여 문짝에 장착된 제 2잠금수단과 접하여 회전된 후에 각각의 제 2잠금수단이 역회전 되지않도록 하므로서 상기 도어가 열리지 않도록 하는 것을 특징으로 하는 안전 도어.

– 청구항 15

제 12항에 있어서,

상기 제 1잠금수단은 래크기어이고, 상기 제 2잠금수단은 라쳇기어인 것을 특징으로 하는 안전도어.

5

실전발명의 보호
(권리위에 잠자는 자는 보호 받지 못한다)

특허소송 이기는 법

특허분쟁의 핵심 key 는 무엇일까요?

바로 기술적 이슈를 잘 파악하고 예측하는 것입니다.

이하 대로 하신 다면 여러분은 특허분쟁에서 이기거나, 적어도 패소하더라고 피해를 최소화 할수 있을 것입니다.

1 단계: 기본적 기술파악

원고 및 피고 모두 승소의 갈림길은 기술적 이슈이다. 해당기술분야의 기술동향조사부터 철저하게 하여야 한다. 이때 중요한 것은 특허소송적 관점에서 기술조사가 이루어져야 한다.

2 단계: 침해분석 단계

 - 원고입장 : 원고는 본인의 특허권과 대응되는 침해품을 수집하여야 한다. 침해증거 수입은, 사진, 물품, 증인, 특허공보(간접적자료) 등 자료를 직간접적으로 수집한다. 수집이 이루어졌으면, 해당제품을 특허소송전문가와 상의하여야 한다. 즉, 해당제품과 특허청구항을 비교분석하는 침해조사분석 단계이다.

 - 피고 입장 : 피고는 원고가 소송 또는 경고장발송의 가능성을 감지하는 순간 해당특허에 대하여 무효조사에 착수하여야 한다. 무효조사 역시 기술적 이슈와 소송을 잘 접목할수 있는 전문가를 만나는 것이 중요하다.

3 단계: 경고장 발송단계

 - 원고(특허권자) : 경고장 발송을 위해서는 우선, 위에서 분석한 침해분석자료를 기반으로 하여 경고장을 발소한다. 이때 조심해야 할 것은 거래처등에 함부로 발송하는 것은 조심해야 하고, 감정적으로 대하는 것은 매우 주의해야 한다.

 - 피고(침해자) : 경고장을 수령한 다음에는 위에서 분석한 무효자료를 기초로하여 답변을 하고, 이때 피고는 적극적 침해조사를 통하여 침해가 아닌 경우에는 침해가 아니라고 항변하고, 무효가능성이 높으면 무효라고 항변한다. 이때, 원고의 경고장에 청구항이나 특허와 본인 실시제품과의 관계

가 나타나 있지 않은 경우에는 구체적 답변을 피하고, 양발명의 저촉가능성을 설명하라는 간단한 답신으로 시간을 버는 방법도 있다.

4 단계: 협상단계

양발명이 일치하고 무효가능성이 적다면 원고는 적극 공세에 나설것이고, 반대이면, 피고는 오히려 무심한 상태가 될 것이다. 협상을 할 때 고려되는 것은 그 특허권의 기술가치평가 금액, 또는 해당 제품의 판매액, 통상 업계로열티등이 고려되어 협상조건을 협의한다. 협상이 되지 않을 경우 특허권자는 소송을 생각하게 된다.

5 단계: 소송단계

한국에서의 특허소송은 여러 가지 방법이 있다.

– 특허권자 입장 : 특허권자 입장에서는 적극적권리범위확인심판을 청구하거나, 이와 동시에 형사고발조치, 가처분신청, 손해배상이나 금지를 청구하는 본안소송을 동시 또는 개별적으로 청구할수 있다.

– 특허침해자 입장 : 특허침해자는 소극적권리범위확인심판, 무효심판을 개별 또는 동시에 청구하거나, 위 특허권자의 소송에 대하여 수세적으로 대응하여 승소하는 방안이 있다.

6. 결 론

이러한 특허소송의 핵심은 특허소송을 기업입장에서 잘 이해하고, 기술적 이슈를 법률적 이슈와 잘 꿰어내는 것이핵심이다. 마냥 소송만 한다고

하여 이길수는 없다. 소송을 위한 소송이 아닌 실리를 위한 소송을 하여야 할 것이다

미국에서의 발명의 보호, 한국과 다르다.

미국은 한국과 발명의 보호제도 다릅니다. 혹시라도 미국에 발명을 출원하신다면 참조하시기 바랍니다.

*배심원이 특허침해여부를 판단한다

예를 들어서, 미국에서는 연방법원에 발명특허에 대한 침해를 주장하면서, 동시에 ITC(미국무역위원회)에서 동시에 특허분쟁을 통하여 로열티 또는 침해의 중지를 구하는 경우가 있다.

물론, 둘다 특허소송과정을 거치게 된다. ITC는 연방법원에 비하여 절차가 매우 빠른 속도로 진행된다. 통상 1년 내에 종료되기도 한다. 미국특허소송의 대응방안에 대하여 국내 기업.발명가의 입장에서 몇 가지 이슈와 대안을 정리해 본다.

우선, 미국특허소송 중 연방법원의 침해소송은 특허 침해여부를 배심원들이 결정한다는 점이다. 우리 입장에서는 이해가 되지 않는 부분이다. 일반인들이 전문적인 반도체 분야 등에 대한 침해여부를 결정한다는 것이 이해가 되지 않을 것이다.

이런 연유에서, 소송초기 관할을 정할 때 유리한 관할을 정하기 위하여 전략을 짜기도 한다. 즉, 인종이나 해당주의 기업 분위기는 물론이거니와

예를 들어서 원피고의 본사 위치를 감안하여서 지역경제에 기여하는 바가 큰 기업이라면 상대방은 관할을 정할 때 신경이 쓰이지 않을 수 없을 것이다.

따라서 법정에서 배심원들을 잘 설득하는 전략이 필요하고, 그러기 위해서는 시각적으로 일반인들이 이해할 수 있는 자료들로 설득하는 것이 필요하다. 동영상, 애니메이션 등이 그 예일 수 있다.

필자는 개인적으로는 일반인 배심원들이 침해여부를 결정하는 것이 옳다고 생각한다. 이웃집 아주머니를 설득할수 없는 법논리는 틀린 논리라는 생각이며, 법의 주인 역시 국민들이기 때문이다.

둘째, 미 특허소송 중 이 절차에서는 증거를 무한이 제출한다는 점을 주지해야 할 필요가 있다. 여기에서 소위 증거개시절차(DISCOVERY)에 따라 회사 내의 증거문서를 제출하게 된다. 양 당사자와 대리인들은 문서의 제출 범위를 놓고도 씨름을 하게 된다.

회사 내의 기술개발 히스토리, 발명자의 발명노트, 회계자료, 인사자료, 연구소 등 각부서의 특허 관련 자료, 기술 관련 자료 등이 모두 총망라 된다. 이런 까닭에 기업 내 미국특허소송 전담자들은 스스로 막노동을 한다고 표현한다. 엄청난 양의 문서를 복사하고, 라벨링하고, 분류하거나 검토한다.

이 제도는 미국특허소송 비용이 천문학적으로 들어가는 데 '1등 공신' 역할을 한다. 예를 들어 어떤 회사는 상대방의 소송비용을 증가시키거나 '질식' 시키기 위하여 1톤 트럭 한 대 분량의 문서를 제출할 수도 있다. 이 문서를 양측 변호사가 검토 하려면 얼마나 많은 시간이 소요될까. 더군다나 한글로 된 문서를 제출했다고 보자. 이를 독해할 수 있는 변호사를 별도로 고용해야 할 것이다.

셋째, 특허소송에서는 반독점법(Anti trust law)이나 불공정행위(ineq-uitable conduct)가 다루어질 수 있다는 것이다. 이중 불공정행위는 국내 기업들이 유념할 사항이다. 미국특허청에 출원과정에서 정보개시의무를 위반한 한 경우이다.

즉, 특허출원 과정에서 종래의 중요한 유사기술은 스스로 개시해야 한다는 것이다. 출원과정에서 고의(intend)로 중요한(materiality)종래 기술의 제출을 누락한 경우에는 특허권자는 매우 불리해질 수 있다.

넷째, 증인심문(deposition)이 특허소송임에도 불구하고 매우 다양하게 적극적으로 이루어진다는 것이다. 예를 들어 우리나라 특허소송에서 증인심문은 이례적으로 이루어지는 경우이지만 미국에서는 그렇지 않다는 점이다. 특히 침해의 고의성 여부는 증인심문과정의 핵심적 키워드다. 그러다 보니 증인심문 교육 프로그램이 있을 정도이다.

이 과정에서 발명자의 발명과정, 제품의 idea 과정, 제품의 회피설계과정, 출원 과정 등에 발명자, 경영자, 오너 등에 대한 증인심문이 이루어진다. 특이한 것은 법정 증언 전에 변호사로부터 증인심문을 먼저 받는다는 것이다.

우리 법제에서는 잘 이해되지 않는 부분이다. 증인심문에서 주의할 것은 '예, 아니오' 등으로 간결하게 답하고, 상대방 변호사의 전략에 꼬이지 않도록 주의해야 한다. 주로 이때 쟁점은 특허침해에 대한 우회의 노력이나, 특허의 존재여부를 언제 알고 또 어떻게 대응했는지가 중요 쟁점중의 하나가 될 수 있다.

중소·중견기업들의 대응방안은 어떤 것이 있을 수 있을까. 아무래도 비용 적 측면이 중요한데, 대기업이 아닌 중견기업들은 엄청난 소송비용을 감당하기 힘들다는 것이다. 예를 들어, 5개의 특허권을 대상으로 하여 ITC(미국무역위원회) 와 연방지방법원에서 동시에 특허소송이 진행된다면 규모가 큰 특허소송의 경우 5~10명의 변호사가 배치 될 것이다. 이들이 풀타임으로 일한다고 생각해 보자.

선도적 로펌의 경우 시간 당 USD 500.00 ~ USD 800.00 정도의 청구를 한다면 매달USD1,000,000.00 이상 청구될 수도 있다. 즉, 매달 10억 원 이상이 청구될 수도 있다는 것이다. 때문에, 중견기업들은 대형로펌도 좋겠으나 본인들의 재정적 규모와 어울리는 로펌과 변호사들 중에서 경험이 있는 변호사를 선임해야 하는 고민을 해야만 한다.

다음으로는 평소에 문서를 주고받을 때 예민한 것은 변호사의 자문을 받으면서 메일을 교신하는 것이 좋다. 소위 변호사—고객 면책특권 이라는 것에 의하여 해당문서의 증거채택거부와 더불어 공개를 거부할 수도 있다는 것이다.

또한, 제품의 수출 시에는 해당국의 특허를 충분히 조사하여 특허침해 가능성이 있다면 미리 우회기술을 개발하여 출시하는 것이 좋다. 어쩔 수 없이 침해를 감수한다면 사전에 해당제품에 대한 특허 무효조사를 실시하여 만약 소송이 제기되면 특허무효 항변을 할 수 있도록 충분히 준비를 하는 것이 좋다.

평소에 연구원들에게 연구노트를 작성하게 함으로써 발명에 대한 히스토리와 자체개발에 대한 증거들을 확보하여 두는 것은 고의침해 주장에 대한 항변으로써 유효할 수도 있다는 것을 알아두면 도움이 된다.

특정기업이나 특정사안에 국한되지 않는 일반적인 사항을 제시해 봤다. 글로벌 특허분쟁 시대에 우리의 발명가.기업들이 미국 특허분쟁의 특징을 잘 알고 대응하여 나아가는데 미력하마나 도움이 되었으면 하는 바람이다

발명 보호: 발명 권리자 특허권자가 소송전 고려할 사항을 알아 보겠습니다.

따라서, 사전에 check 할 사항을 정리 드립니다.

첫째로, 해당특허와 침해품이 일치하는지여부를 알아 보시기 바랍니다. 그것도 매우 정교하게 표를 정리하여 만들어 보시기 바랍니다. 하나라도 누락되는지 꼭 확인하셔야 합니다. 일반적으로 이러한 사항을 사전에 경고장으로 통지하기도 합니다.

둘째로, 본인의 특허가 무효될 활률이 있는지 여부를 조사하시기 바랍니다.

특허권은 무효될수 있습니다. 미국의 경우 50%가 특허소송중에 무효가 되기도 합니다. 우리나라를 포함한 대부분의 나라에서 발명의 권리 주장 과정에서 상대방의 무효주장으로 특허권이 무효되기도 합니다. 왜일까요? 특허권을 제대로 심리하기 위해선,

발명 하나를 심사하는데 적어도 한달 씩 잡아서, 실제 현장방문, 시장 조사, 진보성을 테스트 모두 해야 겠지요, 그렇지만, 그러다 보면, 특허증을

수령하는데 50년은 더 걸릴겁니다. 그래서, 나름대로 최선을 다해서, 특허조사도 하고 신중히 심사하여 특허증을 제공하게 됩니다. 하루에 1개이상의 정도는 특허증을 발행해야 하는 것이 전세계적인 특허심사 실정입니다.

그래서, 공중심사제도라고 하여, 특허공고 기간에 국민들이 누구나 무효심판을 할수 있도록 하기도 하고, 나중에 분쟁이 생기면 무효심판이라는 것을 통하여 제대로 다시 한번 다툴 수 있는 기회를 주고 있습니다.

셋째로, 상대방의 특허침해품이 혹시, 자유기술인지 확인하시기 바랍니다. 자유기술이라 함은, 특허권과 무관하게 기존의 종래기술을 조합하여 침해품이 완성되었다는 주장입니다. 즉, free 한 기술이니 누구나 써도 무방하다는 주장입니다.

주장으로 끝나지 않고, 이러한 주장은 판례로 정립되고 인정되고 있습니다. 침해자에게 매우 유리한 논리입니다.

이상 몇가지 특허권자가 미리 신경써야 하는 부분을 안내 드렸습니다. 발명 특허소송 분쟁은 기술적 이슈를 잡는 사람이 유리해집니다.

전문적인 분야이므로 귀하의 법률대리인과 조기에 협의하시는 것은 물론 필요하지요.

당사자도 기본적인 사항을 충분히 숙지하고 있어야 합니다.

중소기업, 개인발명가 VS 대기업 특허소송 (침해 소송)에서 중소기업, 개인 발명가 패소하는 이유

 우선, 이글에 읽으시기 전에, 다음목차의 원시부족의 남자 아들이 작성한 권리범위, 청구항이라는 것을 먼저 읽어 보시기 바랍니다. 발명특허제도의 핵심인 청구항에 대하여 누구나 쉽게 이해할수 있도록 작성되어 있습니다.

 이하, 중소기업이 패소하는 이유를 설명드립니다.

 첫째. 패소이유를 특허권의 명세서 작성시부터 태생적으로 가지고 있는 경우가 많습니다. 물론, 기술자체가 선행기술의 존재로 인하여 청구항을 감축하여 생긴 일일 수 있습니다.

 그래서, 개인적으로는 가능한 범위에서 청구항 중 독립항이라는 것을 여러개를 가지고 있어야 한다고 생각합니다. 공격용 청구항, 방어용 청구항으로 나누어 기재해야 합니다.

 공격용 청구항? 이런 말은 보다 듣다 첨이시라구요~

 필자는 개인적으로 그렇게 부르고 있습니다. 특허침해를 주장할 만한 청구항을 말합니다. 청구항이 넓은 청구항이 될 것 입니다.

 방어용 청구항 이라구요? 이역시 듣도, 보도 못한 말이라구요??

 방어용 청구항은 상대방이 무효심판을 청구했을 때 무효되지 않고 존속할 수 있는 청구항입니다.

 매우 전략인 고려와 종래기술들과의 저촉 등을 고려 해야 합니다.

 둘째, 특허 포트폴리오를 가지고 있지 않기 때문입니다. 특허권이 하나만으로 또는 몇개만으로 완벽한 공격무기와 방어무기를 가지고 있을 수는 없습니다. 예를 들어서, 미사일도 단거리 미사일, 중거리, 대륙간 탄도 미사일이 있듯이 특허도 이런 전략이 필요한 것입니다. 뭘, 전쟁도 아닌데, 그럴 필요가 있냐구요?

특허를 하나 출원하고 나면 공개가 됩니다. 경쟁사는 귀사의 특허를 항상 모니터링 하고 있습니다. 공개된 것 중에서 모방하여 다양한 형태의 개량발명을 하게 됩니다. 또한, 공개된 특허의 우회설계와 회피설계를 시작합니다. 잘못된 것이 아닙니다.

특허제도는 공개를 하고, 공개된 범위 밖에 있는 것은 자유로이 실시하라는 것이 제도의 취지 입니다. 물론, 범위이내의 권리는 존속기간 동안 보호를 해주지만요. 권리의 보호와 기술의 공개를 동시에 요구하는 것이지요.

특허소송 전후에, 지독할 정도의 특허분석조사가 이루어지지 않기 때문입니다. 특허무효조사, 특허침해조사, 특허성조사, 특허우회설계방향성, 이를 통한 향후의 시나리오등을 매우 지독할 정도로 분석해야 합니다.

대부분은 철저한 발명특허 자체에 대한 분석없이 대략적인 분석후 분쟁을 시작하게 되고 나중에는 점점더 불리해지고 패소의 길로 가게 되는 것입니다.

발명특허는 피하고 깨라고 있는 것이다?

신석기 시대, 한 "원시부족 남자" 가 빗살무늬 토기를 발명했다. 움막 안에서 혼자서 만들었다. 주변의 원시부족들은 곡식을 땅에 덩그러니 보관하고 있었다. 남자는 주변의 부족들에게 고기나, 과일 등을 많이 받고 토기를 팔았다. 물물교환이긴 하지만 빗살무늬 토기를 너무 비싸게 교환한 것이다. 다른 사람들은 토기 제조 방법은 알 수 없었다. 주변 부족들은 불만이 많았다. 곡식을 보관하고 물을 담기 위하여 토기가 필요하지만 너무 많은 과일이나 고기를 원했기 때문이다. 이 기술을 남자가 죽고 나서서도 주변 부족들이 알 수 없었다. 자식들은 대를 이어서 토기를 비싸게 팔았다. 그렇지만 그쯤에 주변 부족들은 유사한 기술을 개발하여 토기를 제조하고 있었다. 남자의 토기만큼 좋지는 못했다. 남자의 자식은 다소 위기를 느꼈다.

보다 못한 원시부족 마을 촌장이 나섰다. 촌장이 남자의 아들을 불렀다. 아버지 남자로부터 물려 받은 빗살무늬 제조 방법을 공개해라, 공개를 하면 특정한 권리를 주겠다. 촌장이 책임지고 유사품의 제조를 막아 주겠다고 했다. 그 기간은 20년간이라고 했다. 기술의 공개는 주변 부족들이 충분히 실시할 수 있을 정도로 공개해야 한다. 단, 주변 부족들은 동일한 기술을 20년간 실시하지 않기도 했다. 20년 이후에는 이 빗살무늬 토기 제조 방법은 누구나 쓸 수 있도록 하자고 했다.

이때, 원시부족 촌장은 고민이 생겼다. 어디까지 발명의 권리를 보호해야할까, 이전에도 허름한 토기는 있었기 때문이다. 그래서, 촌장은 남자의 아들에게 당신의 권리를 작성해보라고 했다.

그 작성된 권리만 보호해주겠다고 했다.

권리는 신중하게 작성해야 한다고 말하고, 꼭 필요한 사항만 적으라고 했다.

원시부족 남자의 아들은 촌장의 지시에 따라 발명의 범위를 신중하게 아래와 같이 작성하여 촌장에게 제출하였다.

밑으로 갈수록 좁아지면서 밑이 둥근 형태이며

표면에 빗살이 있는 것,

이라고 권리를 정했다.

촌장은 권리를 부여하고 권리의 범위를 청구항이라고 칭했다.

이를 주변 부족들에게 공개했다. 청구항의 내용과 빗살무늬 토기의 제조방법을 모두 공개 했다.

남자의 아들과 주변부족들은 위 원칙을 지키기로 했다.

그런데, 주변부족들 중 한 사람이 **"밑이 평평하고 위에서 밑으로 가면서 일자이면서, 표면에 빗살이 있는 토기"** 를 만들어서 시장에서 물물교환을 했다.

남자의 아들은 화가 나서, 촌장에게 항의했다.

주변 부족이 빗살무늬 토기를 제조판매하니 약속대로 보호해달라고 요청한 것이다.

촌장은 이렇게 말했다.

구성요소가 일치하지 않아서 보호받을 수 없다고 했다.

그러면서 아래와 같은 표를 촌장은 원시부족 아들에게 제시했다.

원시부족 남자의 아들 기술 (발명자)	주변부족의 기술 (침해를 한 것으로 추정되는 사람의 기술)	일치여부
밑으로 갈수록 좁아지면서	밑으로 가면서도 일자	불일치
밑이 둥근 형태이며	밑이 평평하고	불일치
표면에 빗살이 있는 것,	표면에 빗살이 있는 것,	일치

즉, 청구항 권리와 구성요소 중에서 불일치하는 점이 있으면 보호를 받을 수 없다고 했다. 촌장은 그러면서, 그래서 내가 신중하게 "꼭 필요한 것만 기재하라고 하지 않았는가" 라고 말했다.

위와 같이 발명의 보호제도에 대하여 고대의 예를 들어서 설명드려 봤습니다.

요즘에는 원시부족 남자의 아들 기술에 대하여 권리로 적은 것을 발명의 보호범위 "청구항" 이라고 합니다.

즉, 권리인 청구항을 피해가면 실시할 수 있는 것입니다.

결국 원시부족 남자의 아들은 보호를 받지 못했다고 하네요~

6

발명에 대한
여러가지 10계명들

발명으로 특허획득시 10계명

01. 발명 특허출원은 무조건 많이만 한다고 좋은 것은 아니다.

그렇지만 꾸준한 출원이 필요하다. 한국은 전 세계에서 특허출원 건수가 5위 안에 들고 있습니다. 그렇지만, 선진국이나 외국으로부터 로열티를 받았다는 소식을 접하기는 힘듭니다. 예를 들어서, 휴대폰 관련한 특허에 대하여 대기업이 외국계 기업에서 로열티를 징수하고 있다는 소식을 들어보지 못했습니다.

건수는 많지만 실속이 없어서 그럴 수도 있습니다. 특허는 백억짜리도 있고, 휴지만도 못한 특허도 있다. 괜히 매년 특허등록료만 내야 하는 경우도 있는 것이다.

02. 시장규모를 먼저 보아라

Market size 를 먼저 보아라.

발명의 가치평가 첫단계는 시장성이므로 시장성이 없는 팔릴 가능성이 없는 것은 한번더 생각을 해보아야 합니다.

03. 기술 트랜드를 먼저 보아라.

발명한 이후에 사업화를 생각하고 있다면 최근의 기술트랜드를 읽어야 합니다. 발명이 시대의 기술트랜드와 역행한다면 사장되는 발명이 될 수 있습니다. 예를 들어, 최근 자동차 시장은 전기, 스마트 기술이 적용되고 있는데, 때 늦은 디젤기관의 효율 향상관련 기술을 개발한다면 환영받지 못할 수도 있습니다.

04. 단기, 중기, 장기적 관점에서 기술트랜드를 읽어라. 읽어진 기술트랜드에 집중 출원하라. 기술트랜드를 읽었으면 해당 기술트랜드에 집중적으로 발명할 필요가 있습니다. 다른 사람들도 유사한 생각을 할테니까요. 발명은 유사한 발명이 계속 생길수 있기 때문입니다.

05. 출원 중에서 중요한 것은 소송경험이 풍부한 대리인이 처리하도록 해라. 그것도 당사자계 경험이 많은 사람이 처리하는 것이 좋다.

가능하면 소송경험도 겸비한 대리인이 권리를 작성하게 하는 것이 유리할 수도 있습니다. 발명이 권리된 특허는 창과 방패이다. 결국 특허는 짱과 방패를 써본 사람이 대리 업무를 하면 더 좋을 것 같다는 생각입니다.

06. 심사청구는 첨부터 할 수도 나중에 할 수도 있다.

발명은 특허출원되고 나서 곧바로 심사관의 심사를 받아볼 수 도 있고, 나중에 필요할 때 심사를 받아볼 수도 있습니다. 이를 심사청구라고 합니다. 심사를 청구할수 있는 기간은 정해져 있습니다. 그런데, 만약, 침해자들의 형태를 알 수 없다거나 사업성을 알 수 없고, 출원후 포기해 버릴 가능성도 있다면 심사청구를 즉시 하지 말고, 사업성이나 침해품의 형태를 어느 정도 예측 가능할 때에 심사청구를 하면서 청구 권리범위를 일부라도 보완 작성하면 더 유리 해질 수 있습니다.

07. 컨셉이 생기면 곧바로 출원하라

발명의 컨셉이 완성되면 곧바로 특허를 출원하는 것이 유리합니다. 물론, 어떤 분들은 시제품이 만들어져야 하는 것 아니냐고 묻기도 합니다. 시제품이 없이도 출원은 가능하다는 것은 위에서 언급드리기도 했습니다.

08. 출원수수료를 지나치게 깎는 것은 좋지 않습니다.

왜냐하면 비용에 비례하여 서비스 제공시간이 허여 되기 때문에 저렴하면 시간도 적게 투자할 수밖에 없는 것이라고 생각됩니다.

09. 내가 발명한 것과 남들이 발명할 것들을 모두 출원해라

　흔히들 내가 발명한 것에 집중하게 됩니다.

　그러나, 실제는 내가 발명한 것이 이후에 어떤 형태로 타인들에 의하여 개량될지도 중요합니다. 내가 발명특허가 있어도 타인이 더좋게 개량하여 사업을 한다면 나는 길만 터준 격이 됩니다. 발명후 출원시에는 개량발명 가능성 있는 기술도 모두 함께 출원하는 것이 좋습니다.

10. 대리인이 작성한 명세서를 그냥 ok 하고 있다면, 당신의 특허증은 휴지만도 못할수 도 있다. 당사자는 발명자이므로 대리인이 작성한 서류를 꼼꼼하게 체크한 후 제출해달라고 해야 하고 보완할 사항이 있으면 보완도 해야 합니다.

100억짜리 발명, 10원짜리 발명의 차이점은?

　발명이 권리화 된후, 즉, 특허로 된 후에는 그 권리를 평가할 수 있습니다. 그 발명은 100억짜리가 될수도 있고, 10원짜리가 될수도 있습니다. 이를 알기 위해서는 발명의 가치를 평가하는 방법을 대략 알아 보면 알 수 있습니다.

　대략적인 발명의 기술가치평가 절차를 말씀드리겠습니다.

　예를 들어서 설명 드리겠습니다.

　누군가 처음 볼펜을 발명했습니다.

가장 먼저 볼펜의 시장성을 평가합니다. 특허가 등록된 나라의 시장 규모를 파악합니다. 예를 들어서 국내 시장이 연간 1,000억이라고 가정합니다. 이 천억 시장에서 시장에 침투할수 있는 가능성을 분석합니다. 시장침투란 제품을 생산하여 출시한 이후에 시장에서 경쟁하여 그 시장을 얼마나 점유할지를 말합니다. 만약 10%라면 볼펜의 국내 시장성은 연간 100억정도로 평가됩니다. 시장성을 대략 이렇게 파악합니다.

시장성을 파악한 이후에는 사업성을 평가합니다.

사업성은 가격경쟁력이나 수익성, 제품화 능력 등을 평가하게 됩니다. 예를 들어서, 어떤 제품이 매우 혁신적인 제품입니다. 예를 들어서 설명드리겠습니다. LED 등기구나 전자제품은 열이 나는 문제점이 있습니다. 열이 나면 전기효율은 떨어집니다. 그래서, 새로운 발명을 했습니다. LED 관련 기판을 제조하는 기술로서 발생하는 열을 외부로 신속하게 방출할 수 있도록 했습니다. 효과도 좋습니다. 그런데, 이제품은 원래의 LED 제품의 가격을 2배 이상 올려야 합니다. 이런 경우 효율이 좋아도 가격이 2배이상 상승한다면 사업성은 적다고 보아야 겠지요. 가격이 올라가는 요인을 보면 제조 공정의 추가 또는 제조 원료의 추가 등으로 발생하게 되는 경우가 일반적입니다.

중요한 시장성과 사업성이 평가되었으면 기술성도 평하게 되며, 기술이 향후 몇 년간 유지 될지여도 평가하게 됩니다.

이러한 지표들을 취합하여 향후 예를 들어 10년 후의 추정되는 사업의 재무재표를 작성하게 됩니다.

이 발명으로 예를 들어서, 10년간 사업했을 경우 그때의 회사의 재무재표를 작성해 보게 됩니다. 이때 재무재표 상에서 발생되는 누적 이익에 해당 발명이 기여한 기여도를 산출하여 최종 발명의 가치가 평가됩니다.

가치평가 방법은 다양하게 나와 있지만, 총론적으로 일부를 간략하게 설명드립니다.

위에서 보는 바와 같이 기술적인 면도 중요하지만 사업성과 시장성이 없는 발명은 높은 가치가 나올 수가 없습니다. 그러니 발명을 하기 전에 시장성이 있는지 사업화가 가능한지부터 보아야 하는 것입니다. 발명으로서는 우수해도 시장성, 사업성이 없으면 10원짜리가 됩니다.

지적재산권 대리인 선정에 숨겨진 이야기들

01. 학벌이 중요하지는 않다. 오히려 본인의 발명기술에 대하여 잘 이해할 수 있는 전공분야와 경험이 많은 사람이 더 유리해질 수 있습니다.

02. 법인의 대표보다 실제 일을 처리하는 스텝이 누구인지가 더 중요한 요소 일수 있습니다. 즉, 실제 서류를 작성하는 사람이 누구인지를 확인할 필요가 있습니다.

03. 분쟁이 발생했을 때 본인의 비용부담 능력에 맞는 대리인을 선임해야 한다. 대형로펌은 개인이나 중소기업이 부담하기 부담스러운 비용이 들어갈 수도 있다. 그럴 때는 실제 본인의 발명기술과 관련성이 높고 경험이 있는 대리인을 수소문 선정하는 것이 좋습니다.

04. 해외 출원을 할 경우에는 국내출원 대리인이 해외에 충분한 커뮤니

케이션 스킬이 있는지 여부를 확인하는 것이 좋고, 해외 비용은 국내보다 몇 배가 더 비싸므로 충분한 비용 조정 후 출원하는 것이 좋습니다. 해외 대리인은 time charge 방식 인지 확인할 필요가 있습니다.

05. 화학,바이오등 특별한 기술분야는 전공한 대리인이 있는 곳을 선임 하는 것이 좋습니다.

7

발명에
날개를 달아주는 것?

발명에 날개를 달아주는 것이 있다?
발명특허와 기술인증은 어떤 사이일까.
기술인증은 매출 촉진 역활을 한다.

기술인증이란, 발명특허관련한 기술을 정부 및 공인기관에서 우수한 기술로서 공인하여 주는 것입니다. 공인 후에는 적극 지원합니다. 정부에서 공인해준 것이고, 제품화까지 완성된 것이니 사업화와 마케팅 투자에 자연스럽게 순풍이 불게 된다.

예를 들어서, 조달청 조달우수제품, 중소벤처부 성능인증, 산자부 녹색

기술인증, 산업기술평가연구원에서 진행하는 신제품인증, 각 기술부처에서 진행하는 신기술인증을 말합니다.

위 5대 기술인증은 서로 연결되어 있습니다.

왜 위 기술인증을 취득하면 매출이 증가할까요? 우선 국가 공인기관에서 기술의 우수성을 엄정한 심사를 통하여 증서를 수여하므로 공신력이 올라갑니다.

다음으로 법령에서 우선구매, 우선발주를 지원합니다.

요약하면 다음과 같습니다.

국가를 상대로 하는 계약에 관한 법률에서 수의계약 조건 명문화 4가지 (일정 % 이상 구매 의무화, 평가 반영)

일반적으로 공공기관이나 정부에서 물품을 구매할 때에는 치열한 경쟁, 즉 입찰을 통하여 물품을 구매합니다. 그렇지만, 기술인증을 취득하면 입찰없이 자유롭게 1:1 로 계약을 한다는 것입니다. 경쟁하지 않으니 매출이 올라가겠지요.

① 성능인증

중소벤처기업부에서 중소기업자가 개발한 기술개발제품의 성능을 인증하여 공공기관의 기술개발제품 구매를 지원합니다. 신기술인증 및 조달우수제품의 통과에 유리해지기도 합니다.

② 조달우수제품

조달물자의 품질향상을 위하여 '96년에 도입하여 중소기업 및 초기 중견기업이 생산한 제품 중 기술 및 품질이 우수한 제품을 대상으로 엄정한 평가를 통해 우수제품으로 지정하는 제도이며, 조달우수제품은 성능인증 등 일정요건을 구비해야 신청자격 요건이 된다.

③ 신기술인증

국내 기업 및 연구기관, 대학 등에서 개발한 신기술을 조기에 발굴하여 그 우수성을 인증해 줌으로써 개발된 신기술의 상용화와 기술거래를 촉진하고 그 기술을 이용한 제품의 신뢰성을 제고시켜 구매력 창출을 통한 초기 시장 진출기반을 조성하고자 하는 제도입니다.

④ 신제품인증

국내에서 최초로 개발된 기술 또는 이에 준하는 대체기술로서 기존의 기술을 혁신적으로 개선·개량한 우수한 기술을 핵심 기술로 적용하여 실용화가 완료된 제품 중 성능과 품질이 우수한 제품을 인정하는 제도입니다.

⑤ 녹색인증

저탄소 녹색성장기본법에 따라, 신산업, 미세먼지 저감, 기후변화 관련 기술 등의 인증을 통한 시장창출 지원으로 매출액 증가, 일자리 창출 등 산업육성 및 기업경쟁력 강화에 기여하고자 하는 인증입니다.

*용어정의는 각 인증기관의 자료를 인용하였습니다.

① ~ ⑤ 기술인증 모두 고도기술인증으로 명명되어 정부.공공기관 입찰 시에 입찰점수에서 기술점수 가점을 부여 합니다. 위와 같은 인증은 모두 발명과 관련되어 있는 인증입니다. 정부에서 적극적인 지원을 해주고 있습니다.

기술인증은 2개 정도를 유기적으로 동시에 준비하여 가능성을 높이는 것이 일반적입니다.

기술인증 컨설팅 업체 선정시에 고려해야 하는 사항들

01. 우선 기본적으로 기술인증 과정에서 발생하는 제품의 규격서라는 것의 작성을 업체에서 직접 수행하여 완성해 주는 지 여부를 꼭 확인해야 합니다. 왜냐하면 국내에 규격이 없는 경우도 있고, 규격이 있어도 제품의 특성에 적절하게 맞추어서 새로 작성해야 합니다. 매우 전문적 분야라고 할 수 있습니다.

02. 공인 시험기관의 선정과 시험의 항목을 컨설팅 업체가 고객과 적극 협력하여 공동으로 뽑아 낼수 있는지 여부를 확인해야 합니다. 공인시험 성적서를 막연하게 가저오라고 하는 경우도 있습니다.

03. 프레젠테이션 심사 장에 컨설팅 업체가 들어갈 수 없습니다. 고객사가 직접해야 합니다. 다만, 작성을 컨설팅 업체에서 PPT 초안 및 수정 보완을 해주는지 여부를 꼭 확인하시기 바랍니다. 그렇지 않으면 작성을 하면 논점을 지적해 주겠다고 하는 곳이 대부분입니다.

04. 가능하면 아이디어 컨설팅이 가능하면 좋습니다. 기술성을 인정받지 못할 경우, 기술성을 좀더 보강하여 신청하면 유리하기 때문입니다.

05. 수행실적을 확인하시기 바랍니다.

혹시, 컨설팅 업체가 수행실적을 공개 하면서, 수행 고객사의 기업명을 인터넷에 공개하는 경우도 있습니다. 매우 합리적이지 않습니다. 기술인증은 그 근거특허가 무효되면 취소될 수도 있습니다. 따라서, 공개된 자료에 자극받아 경쟁사에서 기술인증 근거 특허를 무효심판하는 경우도 있기 때문입니다.

하여간 수행실적을 확인하시기 바랍니다. 적어도 기술인증 분야에서 만 100여건 이상의 수행실적이 있는지를 확인하시기 바랍니다.

발명 관련 5대 기술인증 중,
대표적으로 녹색인증을 설명드립니다.

녹색인증은 정부에서 녹색관련 기술에 대하여 인증을 부여하고 정부에서 각종 혜택을 부여하고 있습니다. 이 인증에서 발명이나 특허가 필수적으로 요청되지는 않으나 실제로 신청과 인증을 취득하기 위해서는 필요하다고 보는 것이 일반적입니다.

이하는 일반적인 절차를 정리한 내용입니다.

1. 기술분류 확인
2. 특허 및 시험성적서 확인
3. 신청서류 작성(녹색성, 기술성에 집중)
4. 온라인 신청(녹색인증사무국)
5. 서류 보완

가장 먼저해야 하는 일은 본인의 기술이 속하는 기술분야를 선택하는 것입니다.

분류명	중분류	소분류	핵심(요소)기술
신재생에너지	9	50	233
탄소저감	10	68	258
첨단수자원	9	35	144
그린IT	15	71	416
그린차량 선박	8	24	206
첨단그린주택 도시	4	18	95
신소재	14	52	164
청정생산	4	11	114
친환경 농수산식품	6	23	101
환경보호 및 보전	8	34	120

예를 들어서, 신재생에너지, 탄소저감, 청정생산, 신소재, 환경호보 및 보전 등 녹색인증 사무국 홈페이지에 기재된 기술분류 중 본인의 기술에 적합한 기술을 선택합니다.

예를 들어, 탄소저감이면 홈페이지의 해당 부분을 클릭하시면 좀더 구체적인 분야가 나오고 이중에서 본인의 기술을 선택하게 됩니다.

이어서, 제품의 성능 및 녹색성을 입증할 만한 시험성적서나 객관적 지표를 확보합니다.

다음으로 정부에서 제공하는 서식에 따라서, 신청서를 작성합니다.

서식은 그때 그때 변경되나, 녹색인증 사무국 홈페이지에서 쉽게 다운로드 받을 수 있습니다.

다음으로 온라인 신청을 하게 됩니다.

신청은 녹색인증 사이트에서 신청하게 됩니다. 포털사이트에서 녹색인증을 검색하시면 사이트가 검색됩니다. 이후 공장심사를 진행하게 됩니다. 더불어서 프리젠테이션 심사도 진행하게 됩니다. 이후에 최종 통과여부가 결정됩니다.

발명, 특허에 대한 정부의 지원사업

발명진흥회나 중소벤처기업부, 테크노파크, 지식재산센터 등에서는 다양한 지원책이 있습니다. 각 기관의 홈페이지 등에서 지원책을 확인하실 수 있습니다. 개인이나 기업은 제도를 적절히 활용하시기 바랍니다. 통상 연초에 게시판의 공지란이나 사업공고란에 올려지고 있습니다. 실제 지원책은 수시로 바뀌고 있으므로 아래 지원책은 참고로만 하시기 바라며, 각 기관의 홈페이지를 확인하시는 것이 좋습니다.

사업명	세부 내용
기술평가	기술의 현물출자, 기술이 적용될 신규사업 프로젝트에 대한 평가 등을 진행하기 위해 대상기술의 기술성, 시장성, 사업성 등을 종합적으로 평가하여 평가결과를 금액, 등급, 의견 또는 점수 등으로 표현하는 것. 기술가치평가, 사업타당성 평가, 기술력평가 등 3가지 종류가 있음.
특허등급평가시스템	특허의 권리성, 기술성, 활용성 평가 점수 및 평가 등급을 부여받는 온라인 특허등급평가시스템. 유사 특허를 통해 잠재 수요 기업 및 경쟁사 정보, 선행기술분석 서비스를 제공받을 수 있어 특허전략 수립, 특허 경쟁력 측정 등에 도움이 됨.

사업명	세부 내용
국가지식재산거래플랫폼	전문적인 지식재산거래상담, 중개협상, 계약자문 등을 지원하며, 국가지식재산거래 플랫폼(IP-Market)을 통해 지식재산거래 및 사업화에 필요한 다양한 정보를 제공.
벤처기업확인평가	한국에서 벤처기업이란 '다른 기업에 비해 기술성이나 성장성이 상대적으로 높아, 정부에서 지원할 필요가 있다고 인정하는 기업으로서 '벤처기업육성에관한특별조치법'의 3가지 기준 중 1가지를 만족하는 기업을 의미함. 벤처기업으로 인정받을 경우 창업, 세제, 금융 등 다양한 부분에서 혜택이 있음
지식재산활용전략 지원사업	등록된특허권,실용신안,디자인권을포함한중소기업의지식재산역량, 사업화계획,경영진의사업추진의지등을종합검토하여연간약70개기업을선발한뒤,기업의경쟁력강화를위해지식재산(IP)관점에서기업의 특허/제품/사업화관련전략을제시하는컨설팅지원.
사업화연계 특허기술평가지원	개인 또는 중소기업이 보유한 특허, 실용신안의 성능분석 및 비교분석, 사업타당성 및 가치평가 등을 수행하는 데 소요되는 평가비용을 지원하여 특허기술의 사업화 및 활용촉진을 위한 객관적인 평가결과 제공
보증연계 특허기술평가지원	기업이 보유한 특허기술의 가치를 평가하고 그 결과를 사업자금의 보증 및 대출에 활용할 수 있도록 평가비용을 지원. 특허기술가치평가 1건당 평가비용 5백만 원 지원(VAT 신청인 부담)
투자연계 특허기술평가지원	우수기술력을보유한보유한중소기업에대한투자심의시,투자기관이공인된평가기관의기술평가보고서를활용할수있도록평가비용을 지원.
IP담보대출연계 특허기술평가지원	기업이 보유한 지식재산권의 가치평가를 통하여, 기업이 지식재산권을 담보로 자금을 조달할 수 있도록 평가비용을 지원. 금융기관은 가치평가 결과금액 이내에서 대출 지원(2018년 금융기관 : KDB산업은행, IBK기업은행, KB국민은행)
우수발명품 우선구매추천사업	기술 및 제품의 우수성, 구매효과성, 품질보증 및 물품공급능력 등 기준을 통해 중소기업 및 개인사업자의 우수발명품을 선발하고 지원함. 조달청 우수제품, 기술표준원 신제품인증(NEP) 심사 시 활용 가능하며 조달청 벤처나라 등록상품 후보로 추천되는 등의 혜택이 있음
IP사업화 통합 지원센터	예비창업자,중소기업등이보유하고있는지식재산권을사업화에효율적으로활용할수있도록,특허청및유관부처에서시행중인다양한관련지원사업정보를한곳에취합하여일괄제공함으로써신속하고효과적인의사결정기회를제공함.
글로벌 IP스타기업	해외 수출(예정) 중소기업의 글로벌 강소기업 육성. 해외 권리화, 선택형 IP등 세부 사업으로 나뉘며 각 사업별 지원 규모는 각각 다름.

사업명	세부 내용
중소기업 IP바로지원서비스	중소기업의 지식재산경영 도입을 목적으로 하는 사업으로서, 국내외 IP 컨설팅, 특허.디자인맵, 브랜드 개발, 디자인 개발, 특허기술 시뮬레이션 등을 지원함
지식재산 인프라 구축	중소기업, 개인발명가, 학생 등을 대상으로 지역지식재산 교육, 발명진흥 행사, IP 경영인대회 등의 종합서비스를 제공함. 지역지식재산센터별 추진하는 내용이 상이함
IP나래	창업 후 7년 이내의 중소기업을 대상으로 3개월간 특허 전문가의 밀착 지식재삭 컨설팅 서비스 제공 (IP기술전략, IP 경영전략)
IP디딤돌	개인 및 예비창업자의 창조적 아이디어를 창업으로 유도시키기 위하여, 아이디어 창출교육, 아이디어 구체화 및 권리화, 아이디어 제품화(3D 설계 및 모형제작) 및 창업컨설팅 지원
지식재산경영인증	지식재산경영을 모범적으로 수행하고 있는 기업(지식재산 담당 조직 및 인력, 국내외 산업재산권 보유 건수 등의 기준으로 판단)에 대하여 특허 우선심사 대상으로 지정, 연차등록료 감면, 정책자금 융자 시 한도 증액 등의 혜택을 부여함
특허소송 변론 경연대회	법학전문대학원재학생또는휴학생을대상으로하는특허소송변론경연대회.경진분야및출제되는문제는다음과같음:특허에대한심결취소소송,특허권.상표권의무효여부와특허권.상표권의권리범위에포함되는지여부등이쟁점이되는사례형문제
지식재산 교육 선도대학	전담교수 1명 이상 확보, 지식재산 정규교과목 연간 6강좌 이상 개설 등 조건을 만족하는 대학을 대상으로 대학당 연간 1억 8천만원 이내 최대 5년간(총 9억원 이내) 지원
지식재산 융합교육	공학계열을 포함하여 최소 4개 이상의 다학제 융합교육이 가능한 4년제 대학(원)을 대상으로 지식재산 융합교육 강좌 운영을 지원함으로써, 단편적 실무기술(특허출원, 조사분석 등) 외에 복합적 상황(신제품 개발, 사업화)에 대처할 수 있는 지식재산교육을 제공
지식재산교수 교육	중장기적 대학별 자립형 지식재산 강의 기반을 구축하고 지식재산권 창출의 핵심인력인 대학 교수의 지식재산권 역량강화를 위해 단기집중 교육과정, 찾아가는 교육과정, 주요학회 학술대회 지원 등을 제공함
캠퍼스 특허전략 유니버시아드	대회 홈페이지에 별도 공고된 문제를 보고 국내 대학(원)생이 특허전략 수립(논문)을 제출하면 서면심사, 발표심사 등을 통해 최종 우승자를 선발함
발명(영재)교육의 문화 조성	시도교육청별 발명영재 선발전형 지원을 위해, 발명영재 특성요인에 기초한 선발도구 및 교육프로그램을 개발 및 보급함

사업명	세부 내용
발명(영재)교육의 학문적 기반 확산 및 학술 네트워크 구축	발명(영재)교육 개념과 이론 연구, 발명교육 중장기 전략수립 연구 등 발명(영재)교육연구 및 각종 학술행사 운영(창의발명교육 연합학술제 등)
지식재산 스마트교육사업	국가지식재산교육 포털(www.ipacademy.net)을 통해 전국민이 일반인 지재권교육, 청소년 발명교육, 교원발명 연수교육, 원격학점은행 교육 등 지식재산 이러닝 교육을 받을 수 있도록 제공
IP-Campus 기반 확산 및 학술 네트워크 구축	국내기업 및 연구소의 지재권 교육이 필요한 특허담당자, 기술개발자, 연구원 대상으로 집중교육, 특별교육, 국제교육, 전문교육 등 오프라인 교육을 제공하여 기업의 지식재산 창출 및 역량 증가에 기여함
차세대영재기업인	중학교1학년~3학년또는그에준하는연령에해당하는자를교육원별80명선발하여,교육원(KAIST,POSTECH)별맞춤형교육프로그램을운영함으로써지식재산에기반을둔창의적인기업가로성장할잠재력이풍부한학생을육성
발명,특허 특성화고 육성사업	산업현장에서 발생하는 문제에 대한 다양한 아이디어를 창출하는 직무발명가를 양성하기 위해 발명특허 교육 및 전공 기술교육의 융합 교육, 다양한 실습 장비를 활용하여 직접 발명품 설계,제작, 자신이 발명한 아이디어를 직접 특허로 출원하는 등의 교육을 제공함
YIP(청소년 발명가 프로그램)	만 13~18세의 중고등학생 및 청소년을 선발하여 맞춤형 교육, 컨설팅 프로그램 운영. 아이디어를 지식재산으로 출원하기까지의 과정에 대한 교육을 통해 창의력, 사고력, 기업가정신을 함양하며, 사업화 연계교육을 통해 창업모델을 확보함으로써 지식재산 기반 사업화역량을 갖춘 청소년 발명가 육성
지식재산능력시험(IPAT)	Intellectual Property Ability Test'의 준말로, 한국을 대표하는 국가공인 지식재산 능력 시험. 지식재산권에 관심 있는 사람이라면 누구나 응시가 가능하며, 기업체, 연구소 등 IP 관련기관에서 바로 활용 가능한 실무능력 측정에 중점을 둔 시험으로 1등급(900점 이상)부터 7등급(300~399점), 무급(299점 이하)까지 있음.
국제 지재권 콘텐츠	글로벌 지재권 마인드와 커뮤니케이션 능력을 겸비한 인재양성을 위하여 국제 지재권 영문 교육 콘텐츠(IP파노라마, 발명 학습용 게임, 디지털 텍스트북 등) 개발 및 관련 교육과정 운영(한-WIPO 공동 국제교육사업, 국내 대학(원) 영문 교과정 운영사업 등)
발명교사인증제 개발 및 확산사업	발명교육의시대적필요성및수요확대에따른담당교사의양적증가및발명교육의체계적질관리를위해도입된발명교원용인증시스템.「초·중등교육법」제21조,「유아교육법」제22조에의거2급이상의교사자격증소지자및소지예정자등이응시대상이며,마스터,1급,2급등총3등급으로나뉨.

사업명	세부 내용
기업지식재산 실무인력 양성사업	기업의 지식재산 수준별 맞춤형 교육 및 해외 지식재산 실무인력 양성과정으로 나눔. 전자의 경우 기업의 지식재산 현황 분석 및 역량 진단을 실시하여 교육 니즈를 발굴하고 지식재산 수준.업종별 특성화된 문제해결 중심의 교육을 지원하며, 후자의 경우 주요국의 특허.상표.디자인 출원전략, 분쟁사례 및 협상전략 제시 등 실제 case-study를 통한 분쟁예방 및 대응전략 교육을 지원하고 있음.
발명교육센터 운영	발명교육센터 운영 지원, 발명교육센터 현대화 지원, 전국 교원 발명교육 연구대회 및 전국 발명교육관계자 회의 개최 등을 통해 발명교육 활성화를 위한 저변확대 및 체계적인 발명교육 체제를 구축하고, 균형잡인 발명교육과 현장 중심의 발명교육 내실화를 위한 기반을 강화하고자 함
종합교육연수원	정규 교육과정 개편내용에 맞춰 발명교육 관련 교사 수요 대비 및 교수능력 향상을 위한 발명교사 연수체계를 구축함. 발명교육의 핵심인 체험(실습) 중심의 교수.학습방법 연수 실시, 체험중심(실습)의 현장교육을 통한 온라인교육 한계점 극복, 효율적 발명교사 양성체계 구축을 운영전략을 하고 있음.
지식재산학 학점은행제	지식재산학 학점은행제 홈페이지(http://cb.ipacademy.net)에서 일정 학점 충족 시 학위를 수여받게 하는 제도. 고등학교 졸업자 또는 동등 이상의 학력 소유자를 대상으로 하며, 고등학교 졸업학위 수여요건은 총 140학점, 대학교 졸업학위 수여요건은 총 48학점임.
지재권 국제개발컨설팅 및 지식공유사업	개발도상국 및 신흥경제협력국, 한-아세안(ASEAN) FTA 체결에 따른 아세안 회원국 등을 대상으로 지재권 정책 국제컨설팅 및 지재권 정책 공유사업 등을 수행함

8

정부에 발명품
납품하기

정부에서는 각종 발명품에 대하여 구매를 우대하고 있습니다. 또한, 스타트업이나 소기업의 경우에도 납품이 가능합니다.

아래와 같은 사이트에 제품을 올려서 납품이 가능합니다.

입찰에 응찰을 할 수도 있습니다. 최근에는 "벤처나라" 라는 사이트가 개설되어서 벤처기업, 스타트업의 제품을 납품할 수 있도록 하고 있습니다.

나라장터

종합쇼핑몰

학교장터

국방조달

본인이 지식인에서 실제로 질의에 대하여 답변하거나 평소에 기업에서 일할 때 현업 부서에서 질의한 사항들을 기초로 하였습니다.

발명관련 지식재산
Q & A 들 모음

Q.

발명이 특허로 등록이 된 경우에,
이것을 활용하는 방안이나 계약은 어떤 것 들이
있을까요, 궁금합니다?

A.

특허권을 활용하는 방안은 다음과 같습니다.

1. 양도방법

이 해당 권리는 부동산 처럼 매각을 할 수도 있습니다.

또한, 전부 매각하지 않고, 일부 지분을 양도할 수도 있습니다.

2. licensing 방법

Non - exclusive license - 통상실시권 부엽방법 - 이 방법은 특정인에게 특허권에 대하여 사용할 수 있는 권한을 부여하되, 독점적 권리가 아닙니다. 예를 들어서, 경기도 지역만을 한정하거나, 일부지역 또는 일부 만을 사용할 수 있도록 할 수도 있습니다.

Exclusive license - 전용실시권 부여방법 - 이 방법은 오직 특정인만 해당 특허를 독점적으로 사용할 수 있도록 하는 방법입니다. 해당 지역, 해당

기간, 로열티 금액, 대상특허 번호 등이 중요한 내용입니다.

3. 로열티 산정방법

로열티는 통상 정해진 것은 없지만, 예를 들어서 통상 1~5%이지만(매출기준), 경우에 따라서, 매우 신기술 인 경우에는 15%(과거 예를 들자면 MPEG 기술이나, CDMA 기술 등: 매출기준) 까지도 받는 사례도 있기는 합니다. 역시 정해진 것은 없으며, 당사자가 정하기 나름입니다. 합리적 로열티 산정을 하기 위하여 기술가치평가나 시장성을 조사해 보는 것은 도움이 됩니다.

이하의 2개의 서식은 특허를 양도하거나 실시권을 부여할 때 사용하는 서식입니다.

■ 특허권 등의 등록령 시행규칙 [별지 제15호서식] 〈개정 2018. 6. 29.〉
　특허로(www.patent.go.kr)에서 온라인으로 제출할 수 있습니다.

권리이전 등록 신청서

※ □ 에는 해당되는 곳에 √ 표시를 합니다.

【대상권리】□ 특허(등록)권　□ 전용실시(사용)권　□ 통상실시(사용)권　□ 질권　□ 근질권
【신청구분】□ 전부이전　　　□ 일부이전　　　□ 지분전부이전　　□ 지분일부이전
　　　　　　□ 분할이전　　　□ 분할
【등록권리자(양수인)】
【성명(또는 법인의 명칭)】
【특허고객번호】
　【전화번호】
　【전자우편 주소】
　【이전받을 지분】(기재요령 제3호 라. 참조)
【등록의무자(양도인)】
【성명(또는 법인의 명칭)】
【특허고객번호】

【전화번호】
【전자우편 주소】
【이전할 지분】(기재요령 제4호 마. 참조)
【대위신청인】
　【성명(또는 법인의 명칭)】
　【주소】
【대위원인】
【대리인】
　【성명(또는 법인의 명칭)】
　【대리인번호】
　【포괄위임등록번호】
【등록대상의 표시】
　【특허번호(등록번호)】
　【권리의 표시)】
　【상품류(디자인대상 물품)】
　【지정상품, 업무(디자인 일련번호)】
【등록원인】
【특약】
【가등록 신청】
위와 같이 특허청장에게 제출합니다.

등록권리자	(대리인)	(서명 또는 인)
등록의무자	(대리인)	(서명 또는 인)
(대위신청인)	(대리인)	(서명 또는 인)

(【특허(등록)증 재발급 신청】)
【수령방법】 ▢ 전자문서 ▢ 방문수령(대전)　▢ 방문수령(서울)　▢ 방문수령(대전 송달함)
　　　　　　▢ 방문수령(서울 송달함)　▢ 우편수령
　【수령인】
【납부금액】(기재요령 제12호 참조)
　【등록료】
　【등록세】
　【인지세】
　【특허(등록)증 재발급 수수료】
【수수료자동납부번호】
【첨부서류】법령에서 정한 서류 각 1통 (이하에 적은 제출서류에 첨부된 서류의 활용 또는
　　　　　기재요령 제14호 참조)
　【서류명】
　【특허(등록)번호(접수번호)】

■ 특허권 등의 등록령 시행규칙 [별지 제16호서식] 〈개정 2016. 9. 22.〉
　특허로(www.patent.go.kr)에서 온라인으로 제출할 수 있습니다.

실시권(사용권) 설정등록 신청서

※ □ 에는 해당되는 곳에 √ 표시를 합니다.

【신청구분】□ 전용실시권(사용권)　　□ 통상실시권(사용권)

【등록권리자】
　【성명(또는 법인의 명칭)】
　【특허고객번호】
　【전화번호】
　【전자우편 주소】

【등록의무자】
　【성명(또는 법인의 명칭)】
　【특허고객번호】
　【전화번호】
　【전자우편 주소】

【대리인】
　【성명(또는 법인의 명칭)】
　【대리인번호】
　【포괄위임등록번호】
【등록대상의 표시】
　【특허번호(등록번호, 국제등록번호)】

【등록원인】
【특약】
【가등록신청】
【실시권(사용권)의 범위 및 내용】
　【기간】
　【지역】
　【내용】
　(【실시대상상표】)
　(【대가의 금액】)
　(【대가의 지급시기】)

（【대가의 지급방법】）
（【기타】）

위와 같이 특허청장에게 제출합니다.
                등록권리자   （대리인）   （서명 또는 인）
                등록의무자   （대리인）   （서명 또는 인）
                （대위신청인）   （대리인）   （서명 또는 인）

【등록료】   원 (기재요령 제10호 참조)
【수수료자동납부번호】
【첨부서류】법령에서 정한 서류 각 1통 (이하에 적은 제출서류에 첨부된 서류의 활용 또는
        기재요령 제12호 참조)
    （【서류명】）
    （【특허(등록)번호(접수번호)】）

Q.

발명 특허침해 경고장을 받았습니다.
특허무효심판을 진행하고자 합니다.
독립항과 종속항이 있는데, 독립항 무효시키면
종속항은 자동으로 무효되나요, 특허무효자료는
명세서 전부를 보나요, 청구항만 보나요?

A.

독립항과 종속항의 무효여부는 각기 보게 됩니다.

청구항은 각각의 청구항이 별도의 권리를 구성하고 있습니다.

다른 청구항이 일부 무효되어도 기술이 온전한 청구항은 그대로 살아 있을수 있습니다.

무효화하고자 하는 청구항과 해당 선행기술의 모든 전부를 검토하여 판단합니다.

무효심판을 할 때, 청구항 별로 진행이 가능하며, 청구항과 해당청구항이 포함된 특허의 출원일 이전에 있었던 선행하는 무효자료의 공개된 특허공보 전부에 기재된 내용을 검토합니다.

Q.

제품을 tv 쇼에 공개할려고 하는데요,
아직 발명에 대한 특허출원을 하지 않은상태입니다.
어떻게 하는 것이 좋을 까요?

A.

좋은 아이디어가 있으신 경우라면 반듯이 미리 출원을 하셔야 합니다.

그렇지 않을 경우, 출원 전에 일반에 공개할 경우에는 특허가 무효될 수
도 있습니다.

Q.

발명 후 출원하여 특허가 등록되었습니다.
그런데, 특허등록후에 구성요소를 추가했으면 하는
것이 떠 올랐습니다. 구성요소를 등록된 특허에
추가하거나 청구항을 추가할 수 있나요?

A.

새로운 구성을 등록된 후에 추가하는 것은 불가합니다.

이미 등록된 청구항을 최초에 출원한 명세서의 범위에서 제한적으로 수정하는 것은 정정심판제도 등을 통하여 가능할 수 있지만, 그것은 최초 출원한 범위에서 그것도 매우 제한적으로만 가능합니다.

그래서, 출원 후 심사청구를 하여 빨리 등록받는 것이 장점도 있지만, 심사청구를 천천히 하는 경우 장점도 있습니다.

해당하는 새로운 구성을 별건의 출원으로 새로 하시는 것이 합리적일 수 있다고 생각됩니다.

특허침해에 대한 경고장의 일반적인
서식을 알 수 있을까요?
경고장에 대한 답변 서식도 함께 알 수 있을까요?

이하는 통상의 경고장 서식 폼입니다.

수신 : 00000 주식회사
　　　대표: 김 0000
　　　서울특별시 성동구 홍길동빌딩 000호
제목 : 특허권 침해금지 등에 관한 건

본인은 귀사의 자료를 통하여 귀사가 본인의 특허등록 제 111111호를 침해하고 있
다는 사실을 알게 되었습니다.

또한 귀사는 본인의 특허등록 제000000호를 현재 침해하고 있다는 사실을 알려
드립니다. 또한, 본 경고장서신을 받는 순간부터 귀사는 특허침해죄의 고의를 가지
게 된다는 사실을 경고하는 바입니다.

1. 이사건 특허의 내용
이사건 특허는 00년 00월 00일자로 출원되어 00년 월 일자로 000000호로 등

록된 특허로서, 그 특허청구범위의 청구항 구성요소는 별첨 1에 기재된 바와 같이,
"   " 와 같은 구성으로 되어있습니다.

2. 귀사가 실시하는 기술의 내용

귀사의 실시기술은 본인이 귀사의 인터넷 자료를 통하여 확인한 바에 의하면 별첨 2에 기재된 바와 같이 아래와 같습니다.

– 아래 –

3. 이사건 특허와 귀사특허의 비교– 통상 간단히 할 수 있습니다.

이 부분은 국내 회사들은 통상 생략하는 경우도 많습니다. 왜냐하면, CLAIM CHART 작성 내용이 나중에 특허분쟁에서 자기발목을 잡는 결과를 초래할 우려 때문에. 하지만, 답신을 통하여 요구를 하면 다시 제시하는 경우도 있습니다. 단순한 예시로만 참조하세요

아래와 같은 비교표를 Claim Chart 라고하며, 참조하시기 바랍니다.

본인특허 1항	귀사 실시기술 내용	동일유사여부
냉매기기	냉매기	동일
용기	용기	동일
냉매유입개폐수단	냉내유입파이프	동일
커버	뚜껑	동일
냉매이동로	이동로	동일
탄성수단	스프링	동일

위에서 기술한 바에 의하여 귀사가 본인의 특허를 침해하고 있다는 사실이 명백하므로 귀사는 다음과 같은 조치를 즉시 시행하여 주시기 바랍니다.

첫째, 본 경고장을 받는 즉시 특허권을 침해하는 일체의 행위를 중지하여 주시기 바랍니다.

둘째, 귀사의 제품 판매 현황을 알려 주시기 바랍니다.

셋째, 귀사의 제품을 대리인에게 인계하여 주시기 바랍니다.

넷째, 신문에 사죄광고를 진행하여 주시기 바랍니다.

다섯째, 이와 같은 사항의 이행을 법률대리인게게 00년 00월 00일까지 협의하

여 주시기 바랍니다.

 만일, 위와 같은 요구에 대하여 00년 00월 00일 까지 성의 있는 답변이 없을 경우 당사로서는 부득이하게 법적 강행수단을 강구할 수 밖에 없다는 점을 이해하여 주시기 바랍니다.

2019. 2. 22

특허권자 : 00000

서울특별시 성동구 홍길동빌딩 000호

(핸드폰번호 ; 0000-0000)

별첨 : 특허등록 제 호의 사본
별첨 : 귀사의 실시내용을 입증하는 자료
(* 주의: 서식은 단순한 서식이므로 귀하의 법률대리인과 협의하여 작성하여야 합니다. 또한, 경고장을 함부로 발송하는 것은 책임이 따를수 있습니다)

특허침해 경고장에 대한 답변 서식

발신: 홍길동 주식회사

　　　서울 강남구 역삼동 홍길동 빌딩 1000호

　　　　대표자 홍길동

수신: (주) 나몰라

　　　대리인 법무법인 나몰라

　　　대리인 나몰라

　　　서울시 송파구 잠실동 0000호 나몰라

2018. 1. 13. 자로 귀사가 당사로 발송한 경고장에 대하여 다음과 같이 회신합니다.

- 다　　음 -

1. 귀사 경고장 요지

귀사는 OO년 OO월 OO일자 경고장에서 특허권을 침해하고 있으므로, 첫째, 본 경고장을 받는 즉시 특허권을 침해하는 일체의 행위를 중지하여 주시기 바랍니다. 둘째, 귀사의 제품 판매 현황을 당사로 알려 주시기 바랍니다. 셋째, 귀사의 제품을 대리인에게 인계하여 주시기 바랍니다. 넷째, 신문에 사죄광고를 진행하여 주시기 바랍니다. 다섯째, 이와 같은 사항의 이행을 법률대리인게게 OO년 OO월 OO일까지 협의하여 주시기 바랍니다. 라는 내용이었습니다.

☞ 답변 핵심 사례 1: 실시기술과 특허청구항이 다르다고 주장

2. 그러나, 위와 같은 귀사의 주장은 일반적인 주장이며, 당사는 귀사의 주장과 달리 다른 기술을 사용하고 있습니다.

Claim Chart 를 참조하시기 바랍니다.

본인특허 1항	당사 실시기술 내용	동일유사여부
냉매기기 (구성요소1)	냉매기	동일
용기(구성요소2)	용기	동일
냉매유입개폐수단(구성요소3)	냉내유입파이프	동일
커버(구성요소4)	뚜껑	동일
냉매이동로(구성요소5)	없음	다름
탄성수단(구성요소6)	없음	다름

위와 같이 구성요소 1~4는 동일하나 5,6이 상이한 것을 알 수 있습니다. 별첨 증빙자료 참조바랍니다.

**위와 같이 답변할 수도 있으나, 실제로 자신이 있으면 아예, 무시하고 답변을 하지 않는 경우도 있습니다.

☞답변 핵심 사례 2: 특허 청구항이 무효라고 주장

2. 그러나, 위와 같은 귀사의 주장은 일방적인 주장이며, 귀사의 특허는 무효사유를 가지고 있습니다.

당사가 조사한 특허무효조사 결과에 의하면

아래의 무효 Claim Chart 를 참조하시기 바랍니다.

본인특허 1항	특허무효자료	유사여부
냉매기기	냉매기 (선행무효특허자료: 일본 특허공보 1234567호)	동일
용기	용기 (선행무효특허자료: 일본 특허공보 1234567호)	동일
냉매유입개폐수단	냉내유입파이프 (선행무효특허자료: 일본 특허공보 1234567호)	동일
커버	뚜껑 (선행무효특허자료: 일본 특허공보 1234567호)	동일
냉매이동로	냉매파이프 (선행무효특허자료: 일본 특허공보 1234568호)	동일 또는 유사
탄성수단	스프링 (선행무효특허자료: 일본 특허공보 1234568호)	동일 또는 유사

당사는 귀사의 특허를 특허무효조사해본 결과, 위와 같이, 일본의 특허공보 1234567호 및 1234568호를 조합하므로서 용이하게 발명가능한 것으로 조사되었습니다. 따라서, 귀사가 무리한 요구를 하실 경우에는 특허무효심판을 진행할 수밖에 없습니다.

☞답변 핵심 사례 3: 특허청구항을 실시하지 않는다고 주장

2. 그러나, 위와 같은 귀사의 주장은 일반적인 주장이며, 귀사의 특허에 대하여 당사는 전혀 실시하지 않고 있으며, 귀사의 자료는 잘못된 것입니다.

참고로 당사의 실시 사례를 별첨 드립니다. 별첨에서 보시는 바와 같이 당사는 귀사관련 기술을 사업하지 않고 있습니다. 별첨 참조하시기 바랍니다.

3. 당사는 끝으로 귀사의 특허에 대하여 아는 바가 없었을 뿐만 아니라 침해할려는 의사가 전혀 없었고, 앞으로도 침해할 의사가 추호도 없다는 말씀을 드리며, 동

업자로서 선의의 경쟁을 당부드리는 바입니다.

  2018년 1월 18일
                발신: 홍길동 주식회사
                서울 강남구 역삼동 홍길동 빌딩 1000호
                대표자 홍길동
                위대리인: 서울시 송파구 00동 00번지 00호
                특허무효다 법인
                (Tel: 02-0000-0000)
(* 주의: 서식은 단순한 서식이므로 귀하의 법률대리인과 협의하여 작성하여야 합니다. 또한, 경고장을 함부로 발송하는 것은 책임이 따를 수 있습니다)

Q.

특허권을 구매하거나 또는 실시권을
가져올려고 합니다. 어느정도의 가격을 책정해야
하는지, 또는 어느정도의 실시 로열티를
지급해야 한다는 규정이 있는지요?

A.

발명 특허권에 대한 가격은 규정이 없습니다. 참고로 양당사자가 도저히
가격을 가늠하기 힘든 경우에는 기술가치평가(서식 아래에 별첨함)를 통하
여 해당특허의 가격을 가늠해볼 수 있지만, 이것도 참고자료로 쓸 수 있을
뿐입니다.

로열티도 규정은 없습니다.

다만, 당사자간에 협의로 정해집니다. 예를 들어서, 매출의 3%(예 임) 등
으로 로열티를 정할수도 있습니다. 통상실시권(서식을 아래에 별첨함)으로
할 수도 있으며, 전용실시권으로 정할수도 있습니다.

통상실시권은 전용실시권자로부터 또는 권리자로부터 받을 수 있습니다.

전용실시권은 독점적입니다. 그래서, 한사람에게 주는 것이 일반적입니
다. 통상실시권은 여러사람에게 부여할 수 있습니다.

Q.

발명의 특허 도대체 청구항이
몇개가 적당할까요?

A.

만약, 원시시대에 최초로 손잡이가 달린 세라믹 컵을 발명했다고 가정하
겠습니다.

청구항을,

1항, (독립항)

용기와,

용기측면의 손잡이를 특징으로 하는 컵

2항,

제 1항의 용기와 손잡이는 세라믹 재질인 것을 특징으로 하는 컵

위와 같이 작성했을 때,

누군가가 위 청구항 내용에 있는 구성을 실시하면 침해가 되는 것입니다.

그런데,

제1항을

네모난 용기와,

네모난 용기측면의 손잡이를 특징으로 하는 컵으로 작성했으면,

제3자가 원통형의 용기로 된 컵을 실시하면 비침해가 될 수도 있습니다.

즉, 구성요소가 불일치하기 때문에 그렇습니다.

즉, 발명의 특허청구항 갯 수는 합리적이면 됩니다. 많다고 꼭 좋은 것은 아니며, 권리를 보호하는 데 적당하면 됩니다.

특허통상실시권 계약서식 예제

(* 주의: 서식은 단순한 서식이므로 경우에 따라서 모두 다르며, 귀하의 법률대리인과 협의하여 작성하여야 합니다)

주식회사 홍길동물산(이하 "갑"이라 함)과 주식회사 빌림(이하 "을"이라 함)은 다음과 같이 계약을 체결한다.

제1조(목적)
갑은 을에 대해서 갑의 소유에 관한 아래의 특허권(이하 「본 건 특허」라 함)에 대해 통상사용권을 설정한다.

— 아 래 —

특허번호	제0000000호
발명명칭	다리교각 받침볼트

제2조(특허 사용권의 등록)

을은 본 계약 체결 후 본인 비용으로 앞 조항의 사용권을 특허청에 설정등록수속을 할 수 있으며 갑도 이에 협력한다.

제3조(사용권의 범위)

을이 본 건 특허를 사용하는 사용권 권리의 범위는 다음과 같이 한다.

1. 사용지역 : 대한민국
2. 사용기간 : 2018년 1월 1일부터 특허존속기간 종료시까지
3. 사용내용 : 판매 및 제조

제4조(특허 사용료)

①갑은 을에게 본 건 특허에 대하여 제 3조의 조건과. 매년 말일에 0억의 실시료를 지급하는 조건으로 통상실시권을 부여한다.

제5조(재사용권)

을은 사전에 갑으로부터 서면에 의한 동의가 없으면 제3자에 대해 본 건 특허 사용권을 양도하거나 재사용권을 허락해서는 안된다.

제6조(개량발명)

을은 본 건 특허에 대해 개량발명 또는 개량고안을 하였을 경우는 을의 권리로 자유롭게 출원등록할 수 있다.(이런 부분은 신중히 작성하시기 바랍니다)

제7조(기술자료 등)

갑은 을에 대해서 본 계약 체결 후 30일 이내에 도면, 노하우 북 그 밖의 본 건 특허실시에 필요한 기술자료를 개시 한다. (이런 부분은 신중히 작성하시기 바랍니다)

제8조(권리보전)

①을은 제3자가 본 건 특허를 침해하였을 때 또는 침해할 우려가 있다는 것을 알았을 경우 예방을 위하여 협력한다.

제9조(특허표시)

을은 제품, 포장, 카탈로그 등에 본 건 특허의 특허번호를 표시할 수 있다.

제10조(비밀유지)

갑 및 을은 본 계약에 기초하여 얻어진 상대방의 비밀을 제3자에게 누설해서는 안된다.

제11조(계약해제)

을에 대해 다음의 사유 중 어느 항목이 발생하였을 경우 갑은 최고 통지후 본 계약을 해제할 수가 있다. (서식에서 항목은 기재 생략 합니다)

이상 본 계약의 성립을 증명하기 위해 본서 2통을 작성하고 갑과을 기명날인 후 각각 1통씩을 보유한다.

2018년 1월 2일

갑 : (주)홍길동물산

주소 :

대표이사 (인)

을 : (주) 빌림

주소 :

대표이사 (인)

(* 주의: 서식은 단순한 서식이므로 경우에 따라서 모두 다르며, 귀하의 법률대리인과 협의하여 작성하여야 합니다)

이하는 로열티 산정의 참고자료로 작성하는 기술가치평가서의 표지 목
차 사례입니다.

제 출 문

홍길동 주식회사 귀하

본 평가서를 " 이동식 태양광 발전 기술 "에 관한 투자 유치용 기술가치평가
의 최종보고서로 제출합니다.

2017년 7월 25일

평가회사	(주)홍길동
평 가 자	기술가치평가사000
평 가 자	기술거래사 000

〈목 차〉

Q.

우연하게 경쟁사가 특허출원한 내용이
당사의 실시 기술과 저촉가능성이 있고,
국내에서 이미 실시된 기술이라고 생각되는데요,
심판이나 소송 전에 좀더 부담 없이 경쟁사의
특허권이 등록되지 못하게 하는 방안이 있을까요?

A.

　해당특허출원에 대하여 정보제공을 할 수 있습니다. 즉, 심사관에게 등록
되어서는 안되는 사유를 자세히 기재하여 제공할 수 있습니다. 심사관이 타
당한 이유라면 정보 제공된 자료를 참조할 수 도 있습니다.

　아래는 정보제출사례입니다. 실제 특허출원이 등록되어서는 안되는 사
유에 대하여 구체적으로 기재한 제출이유가 중요합니다.

● 정보제출이유

　2017년 특허출원 제1234567호(이하 "이건발명" 이라 합니다)의 청구항
제1항 내지 제3항(제4항은 삭제됨)은 출원전 국내외에서 반포된 간행물(별

첨 정보제출 자료1 내지 5)에 의하여 극히 용이하게 발명할 수 있는 정도
의 기술로서 특허를 받을 수 없는 것인 바, 그 구체적인 이유를 다음과 같
이 밝히고자 합니다.

● 정보제공의 구체적 이유

Ⅰ. 이건발명의 내용

Ⅱ. 이건발명의 거절결정사유

1. 이건발명과 관련한 정보자료

가. 정보자료 1

나. 정보자료 2

정보자료 2는 이건발명의 출원일 이전인 2002년 11월 19일자로 출원
되어 2003년 2월 27일자로 등록된 실용신안등록 제123456호("프리스트레
스를 도입한 콘크리트 합성파일의 변위를 제공하기 위한 변위 제어장치")
의 등록실용신안공보입니다.

다. 정보자료 3

라. 정보자료 4

마. 정보자료 5

2. 이건발명의 거절사유

가. 이건발명의 청구항 제1항과 정보자료1,2

나. 이건발명의 청구항 제2항과 정보자료3

다. 이건발명의 청구항 제3항과 정보자료4

라. 이건발명의 청구항 제3항과 정보자료5

V. 결론

이상에서 살펴 본 바와 같이, 이건발명의 청구항 제1항 및 제3항(제4항 삭제됨)은 정보제출자료 1 내지 5으로부터 통상의 지식을 가진 자라면 극히 용이하게 발명할 수 있는 정도의 기술에 불과한 것으로 특허를 받을 수 없는 것임이 명백하오니, 심사관님께서는 이러한 사항을 밝히고자 제출된 정보를 참고하시어 이건발명을 거절결정하여 주시기 바라옵니다.

별첨

 - 정보제출자료 1: 한국실용신안등록 제123456호의 등록실용신안공보
 - 정보제출자료 2: 한국실용신안등록 제1234455호의 등록실용신안공보
 - 정보제출자료 3: 일본국 특허공보(평6-44555)
 - 정보제출자료 4: 일본국 공개특허공보(소59-14544)
 - 정보제출자료 5: 미국 특허출원 2457666호의 공개특허공보

* 주의: 서식은 단순한 서식이므로 실제의 작성은 귀하의 법률대리인과 협의하여 진행하시기 바랍니다*

Q.

기업 총무팀에서 특허출원 업무를 담당하고 있습니다. 선행기술조사를 하다보니, 구성요건완비의 원칙이란 말이 있던데요, 저희 회사의 기술내용이 A, B, C 로 구성되어 있는 데요, 경쟁사의 특허권 청구항은 A,B,C,D,E 로 구성되어 있는데요. 이게 침해인지 어떻게 판단하나요?

A.

구성요건 완비의 원칙은 ALL ELEMENT RULE 이라고도 합니다.

즉, 특허 침해여부를 판단할 때 해당하는 청구항에 기재된 모든 내용이 일치해야 침해라고 판단 한다는 것입니다.

선 특허권자가 가지고 있는 청구항 구성요소(element) 가 1,2,3,4로 이어 진 경우, 해당 제품에 이 구성 1, 2, 3, 4가 모두 존재하면 침해가능성 있다 고 보아야 겠지요.

1, 2,3,4 중에서 하나가 다른 경우에는 침해가 아닐 수도 있습니다.

All element rule 은 일반적으로 미국 등 선진국에서 대체적으로 통용되고 있습니다.

즉, 청구항 구성요소 모두가 일치해야 특허 침해가 될수 있다는 원칙입니다.

침해인지 여부를 판단하는 고려 사항은 이외에도 몇가지가 더 있습니다.

그렇지만, 일반인들이 이정도로 1차 예비적 판단을 해볼 수 있습니다.

Q.

결혼정보회사를 운영합니다.
OFF 라인에서 사람과 사람들이 서로 비즈니스 하는
방법에 대하여 발명특허가 될수 있나요?

A.

단순하게 사람과 사람이 서로 하는 사업방식은 발명의 대상으로 등록받을 수 없다고 보는 것이 일반적이지요. 왜냐하면, 특허는 자연과학원리를 이용한 경우에 한합니다. 그렇지만, 사업방식이 컴퓨터나 핸드폰 등 과학기술적 구성들과 연동되어 기술적 구성으로 되어 있고, 그것이 발명으로서의 특이성을 인정받는다면 가능할 수도 있을 것으로 생각됩니다.

그렇지만, 단순하게 사람과 사람이 만나서 서로 비즈니스 하는 방법에 대해서는 발명으로서 성립이 힘들다고 보아야 할 것으로 생각됩니다.

Q.

연필 뒤에 지우개를 달아서 지우개의 이동편리성
및 보관의 편리성, 사용의 편리성을 더한 발명,
회피설계가 가능할까요?
즉, 당시로서 매우 혁신적인 것 인데요

A.

회피설계는 우선, 특허청구항이라는 것을 피하는 것입니다. 즉, 특허침해
상태가 되지 않도록 하는 것입니다.

특허침해가 되지 않는 다는 것을 예를 들어 말씀드리면 다음과 같습니다.
연필에 지우개를 달은 발명을 하고,

청구항을
연필과,
연필 단부에 달린 지우개로 잡았습니다.

이 경우 에는 연필의 지우개가 단부에 달리면 침해일수 있습니다.

우회설계, 회피설계가 어렵지요.

반면,

청구항을,

연필과,

연필단부에 달린 4각형 지우개로 잡았습니다.

이 경우에는 지우개 모양을 각이 없는 원통으로 하면 침해가 아닐 수도 있습니다. 4각이라는 단어로 인하여 우회설계, 회피설계가 쉽겠지요.

Q.

발명이 특허된 경우, 특허를 피해서
이시장에 들어가고 싶습니다.
회피설계(우회설계)의 절차와 방법 알고 싶습니다.

A.

답변: 특별하게 정해진 절차는 없습니다. 다만 예로서 읽어 주시면 될 것
같습니다.

회피설계, 우회설계는 역설계라고도 합니다. design around 라고도 합
니다.

특허권에 저촉되지 않는 기술을 개량하는 과정을 말합니다. 특허에 저촉
되지 않게 시장에 진출하는 효과적인 방법으로 세계적인 기업들도 활용하
는 방법입니다.

때문에 발명이 권리화되는 과정에서 청구항을 잘 작성해야 하는 이유입
니다.

권리보호 범위 밖에 있는 기술은 자유기술이기 때문입니다.

특허회피설계 순서에 대하여 설명드립니다.

01. 해당제품을 확정합니다.

02. 특허청구항을 확정합니다.

03. 제품과 특허청구항을 비교합니다.

예를 들어서, 육각형 버튼형 볼펜을 예를 들겠습니다.

청구항 구성요소	해당제품	일치여부	회피
나사달린 꼭지	동일	일치	
버튼	없음	없음	회피
볼펜심	동일	일치	
볼	동일	일치	
육각바디	동일	일치	
스프링	동일	일치	

위에서 보는 바와 같이 "버튼" 구성이 제품에 없으므로 회피설계할 필요
없이 실시할 수 있 다고 볼 수 있습니다.

청구항 구성요소	해당제품	일치여부	회피
나사달린 꼭지	나라달린꼭지	일치	
버튼	버튼	일치	
볼펜심	볼펜심	일치	
볼	볼	일치	
육각바디	육각바디	일치	
스프링	스프링	일치	

위표에서 보는 바와 같이 청구항 구성과 해당제품이 모두 일치하므로
구성요소중 한 개 이상을 변경해야 회피가 가능 합니다.

이를 위해서는 볼펜에 대한 무효자료를 전 세계적으로 조사하여
기술적 특징들을 파악해야 합니다. 그런 다음에는
공지의 기술들에 대하여 적용가능성을 분석합니다.

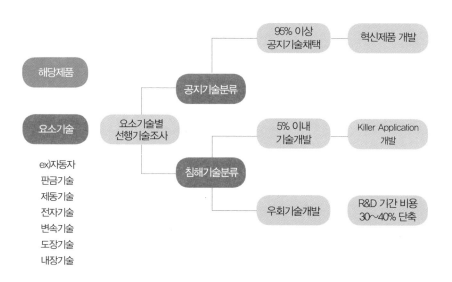

출처: 특허와비즈니스 www.ipspider.co.kr

즉, 위 청구항 구성요소 중에서 하나이상을 일치하지 않도록 하는 것을 회피설계라고 합니다. 위와 같은 방법 등을 통하여 이루어집니다. 충분한 기술적 조사가 필요합니다. 앞서 말씀드린 바와 같이 균등론이라고 하는 부분에 대해서는 논외로 합니다.

만약 아래와 같이 청구항의 구성요소 중 기술조사를 해본 결과, 다른 구성요소는 바꾸기가 힘들다고 판단되었습니다. 즉, 버튼을 제외한 부분은 모두가 필수적이며 구성의 변화폭이 별로 없다고 판단했습니다. 그래서 버튼을 통하여 우회기술을 개발하기로 했습니다. 그런데, 버튼의 청구항 기재가 "수직 누름식 버튼" 이었습니다. 이것을 회전식으로 변경하여, 수직도 아니고, 누름식도 아닌 것으로 변경하였습니다. 회피설계가 일응 되었다고 볼수 있습니다. 다만, 최종은 대법원의 판단이 있어야 알수 있어야 하는 것이지만, 통상의 실무상 판단 방법에 의할 경우 그렇다고 볼수 있습니다.

청구항 구성요소	해당제품	일치여부	회피
나사달린 꼭지	나라달린꼭지	일치	
수직 누름식 버튼	회전식 버튼	불일치	회피 됨
볼펜심	볼펜심	일치	
볼	볼	일치	
육각바디	육각바디	일치	
스프링	스프링	일치	

04. 위와 같이 회피설계를 한 다음에는 최종 침해여부를 생각해 보게 되는 것입니다.

침해가 될 가능성이 없다고 방향이 잡히면 특허발명에 대한 회피설계는 어느 정도 합리적으로 되었다고 할 수 있는 것입니다.

한편, 도저히 구성요소를 바꿀수 없다고 판단되는 경우에는 기업에서는 해당특허 청구항에 대한 특허무효조사를 실시하여 무효자료를 확보하여 만약에 대비하게 되는 것입니다.

05.우회기술개발은 다소 복잡하고 어려운 작업입니다.

왜 발명에 대한 청구항을 잘 잡기 위해 노력해야 하는지, 대리인 비용을 너무 깎으면 좋지 않다는 것을 이해하실 수 있을 것으로 생각됩니다.

Q.

제조공정이나 제조방법 적인 특허도
보호가 되나요?

A.

제조공정이나 방법적인 것도 발명의 보호대상입니다.

Q.

본인이 실수로, 부주의로 특허출원하기전에
특허 시제품을 일반에 공개한 경우,
특허등록후에 경쟁사가 문제 삼을 수 있나요?

A.

특허등록후에 무효심판이 발생한다면, 상대방 회사에서 출원전 기술이
공개된 자료를 무효의 근거로 제시할 수 있습니다.

Q.

발명이 특허된 후에 침해품이 발생했을 경우에, 특허침해 판단하는 절차가 나와 있는 서식이 볼수 있나요?

A.

정해진 절차와 서식은 없습니다. 일예로서 침해가능성 판단하는 일반적인 목차입니다.

1. 침해판단의 대상
2. 침해판단자료
3. 침해판단일자
4. 침해판단 결과

별지 (가)호 출원은 특허등록 제000000호의 권리범위에 속하여 침해를 구성한다.

5.침해판단의 기준

(1). 특허청구범위 기준원칙:

(2). 공지사실 제외의 원칙:

(3). 균등론의 원칙(Doctrine of Equivalent):

(4). 전요소주의 원칙(All Elements Rule):

6. 침해라고 판단한 이유

 이하 참조

(1). 이건 발명의 요지

(2). (가)호 발명의 요지

이건등록특허	(가)호 발명	구성의 동일여부
00	0000	동일
0000	0000	동일
000	0000	동일
000	0000	동일
000	0000	동일

(3). (가)호발명과 이건특허의 대비

7. 결 론

상술한 바와 같이, 약술 – 침해가 성립될 것으로 사료된다.

글을 마치면서

인간이 지구상에서 수많은 발명을 했습니다.
발명을 통해서 성공한 인간도 있습니다.
실패한 사람도 있습니다.

그렇지만 인간은 계속하여 발명을 할 것입니다.
왜냐하면 인간의 본능이기 때문입니다.
우리는 지금 이 순간에도 도구를 만들고 있습니다.

그런데, 왜 우리는 연간 수십조의 로열티를 외국에 지급하면서 받지는
못할까요?
이제 우리도 로열티를 받을 때입니다.
기업,개인 들이 적극 발명을 해야 합니다. 발명 비즈니스가 불경기의 해
법입니다.

그런데, 생각나는 대로 하지 마시기 바랍니다.

기획적으로 발명하시기 바랍니다. 이책을 통하여 조금이나마 여러분들이

발명을 기획적으로 할 수 있고, 발명이 권리화 된 이후에 보호할 수 있는

능력에 미력이나마 보탬이 되었으면 하는 바램입니다.

아 ~ 그사이 아이디어가 떠 오르셨다고요?

제일 먼저 무엇을 해야 하죠 ?

감사합니다.

ps: 가능하면 누구나 읽고 이해할 수 있도록 법률적용어나 판례를 기재

하지 않은 점 이해하여 주시기 바랍니다.

(부)(록)

화재인명구조
재난구조 시스템

부록으로 별첨된 내용은 저자의 최근 발명 중에서 화재, 지진 시에 건물내의 사람을 구하는 "인명구조 시스템"으로 이에 대한 4차산업 관련 발명을 소개 합니다. 4차산업 관련 발명을 어떻게 해야 하는 지에 대한 학습자료로 활용하시기 바랍니다. 일반인들이 쉽게 알 수 있도록 발명을 설명하였습니다.
심사 청구하지 않을 것이며 등록하지 않을 예정입니다. 이 책을 끝까지 읽으셨다면 이 말이 어떤 의미인지 아실 수 있습니다

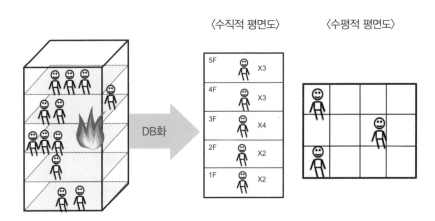

〈수직적 평면도〉　　　〈수평적 평면도〉

DB화

- 본 발명은 재난 구조시스템에 관한 것이다
- 건물의 평면도를 데이터베이스화하고 건물 내 센싱 수단을 설치
- 재난 시 센서를 통해 구조대상 인원 수와 위치를 파악 가능
- 해당 건물의 소정 km 내 휴대폰 사용자들에게 즉각 문자와 앱을 통해 재난 발생을 알림

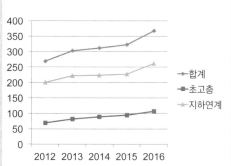

2-2-3-2. 연도별 초고층건축물 및 지하연계복합건축물 현황(2007-2016)

(단위 : 개소)

연도별	합 계	초고층	지하연계
2007	-	-	-
2008	-	-	-
2009	-	-	-
2010	-	-	-
2011	-	-	-
2012	269	69	200
2013	303	81	222
2014	312	89	223
2015	323	95	228
2016	368	107	261

● 연도별 초고층건축물 및 지하연계복합건축물 현황(출처 : 소방청)

　– 초고층 건축물은 사람을 더욱 많이 수용함

　– 제대로 된 대피 훈련이 없으면 재난 발생 시 큰 사상자 발생 확률 높음

　– 지하가 연계된 건축물의 경우 재난 발생 시 지하에서 대피로를 찾기 어려움

　⋯▸ 두 유형 건축물의 수가 증가하는 추세임 ⋯▸ 대피 훈련, 방안 필요성 증가

● 기존 시스템의 문제점

① 단순히 건물의 평면도를 통하여 안내 ⋯▸ 최적의 대피로 파악 **어려움**
② 구조자가 피구조자의 상황에 즉각적인 대응을 하기 어려웠음
③ 구조자와 피구조자가 연락할 방법이 없었음

● 발명 내용

① 건물의 수직적, 수평적 평면도와 대피로 도면을 **데이터베이스화** 함
② 데이터베이스와 연동되는 피난 애플리케이션을 개발
③ 대피로 내에 센서 기술을 적용하여 적치물이 있을 경우 피구조자가 알 수 있도록 함
④ 대피로 포함 건물 내 센서는 사람의 움직임을 감지하여 **사람의 숫자와 위치를 파악**하는
   데 도움을 줌
⑤ 앱을 통해 대피로를 안내 받을 수 있고 소방차의 이동경로 정보를 얻어 구조에 도움을
   줄 수 있음
⑥ 앱 사용자(구조자, 피구조자 등)는 서로 **커뮤니케이션**이 가능함

● 구조자 휴대폰 앱

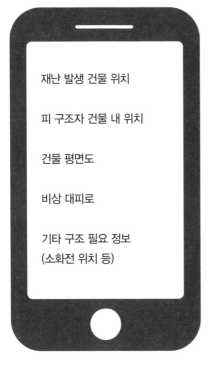

재난 발생 건물 위치

피 구조자 건물 내 위치

건물 평면도

비상 대피로

기타 구조 필요 정보
(소화전 위치 등)

● 건물 평면도(피구조자 관점 대피로 안내)

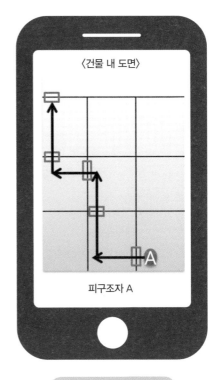

〈건물 내 도면〉

피구조자 A

피구조자 휴대폰

03 발 명 도 면

● 건물DB와 정부 소방 관서 연결

다중 이용시설 DB	정부 관할 소방서
다중 이용시설 도면 DB −건물 a, 건물 b, 건물 c,…. 다중 이용시설 비상대피로 DB −건물 a, 건물 b, 건물 c,….	소방서 A 소방서 B 소방서 C 소방서 D . . . .

연 결

● 재난 발생 시나리오

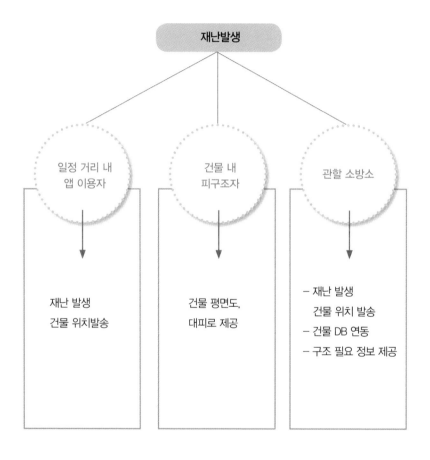

● 건물 비상 대피로 내 센서

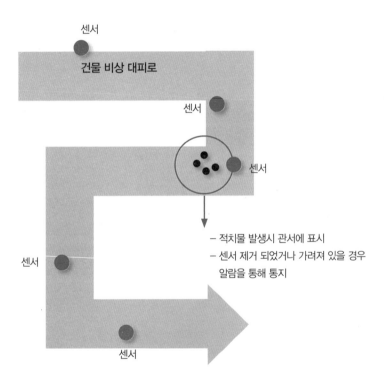

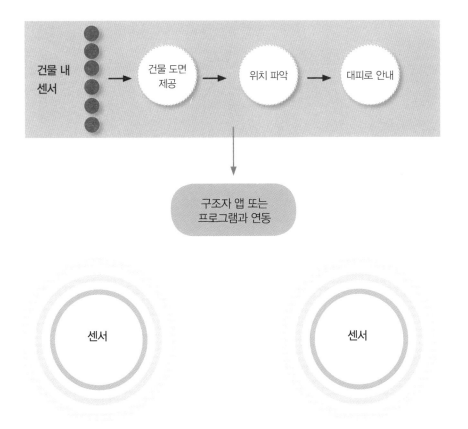

● 흐름도

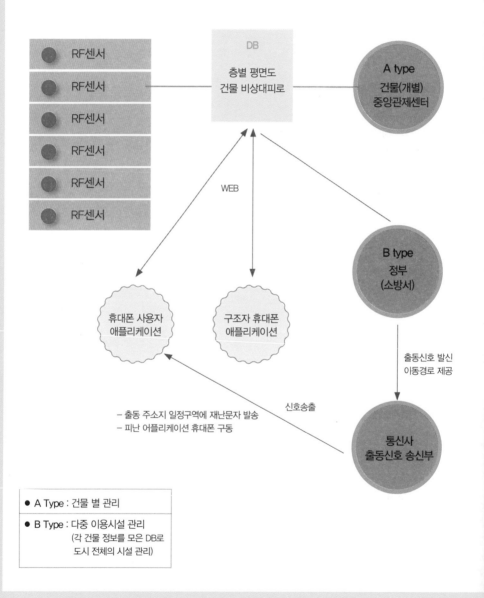

● A Type : 건물 별 관리
● B Type : 다중 이용시설 관리
 (각 건물 정보를 모은 DB로
 도시 전체의 시설 관리)

● 애플리케이션 연결

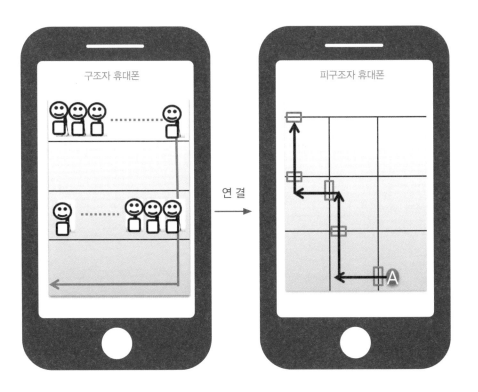

구조자 휴대폰

피구조자 휴대폰

연 결

- 구조자 출동 시에 건물 내 정보 파악
- 인원, 위치, 구조로, 대피로 파악 가능

- 평면상 및 수직상 대피로 안내
- 소화전 위치 안내
- 대피 정보 안내

● 전체 흐름도

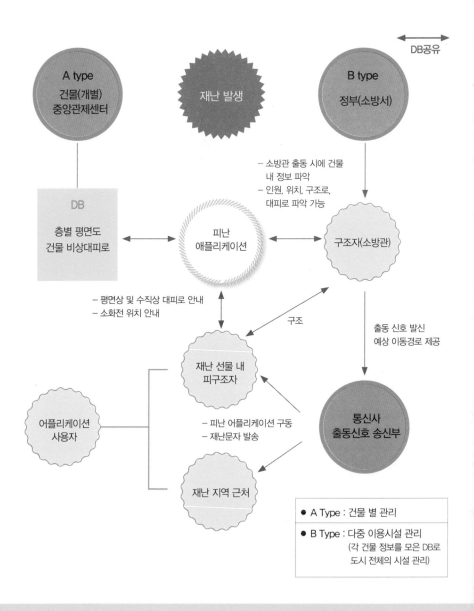

● 건물 개별 관리

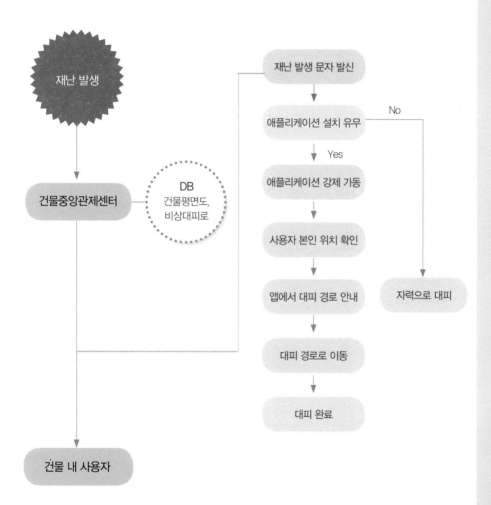

재난 발생

건물중앙관제센터

DB
건물평면도,
비상대피로

건물 내 사용자

재난 발생 문자 발신

애플리케이션 설치 유무

Yes

No

애플리케이션 강제 가동

사용자 본인 위치 확인

앱에서 대피 경로 안내

자력으로 대피

대피 경로로 이동

대피 완료

● 구조자 관점

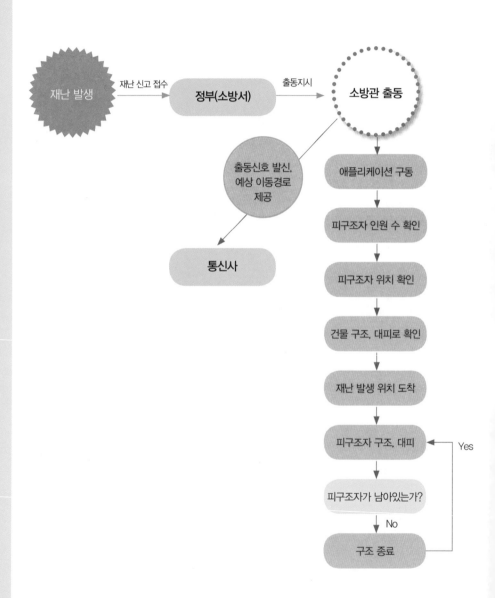

● 피구조자 관점

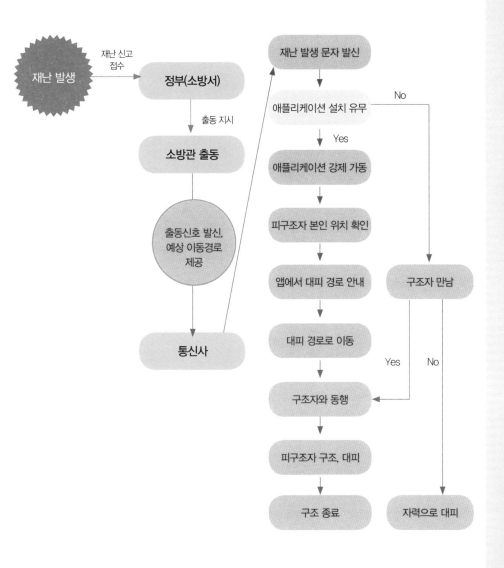

● 앱 사용자 관점

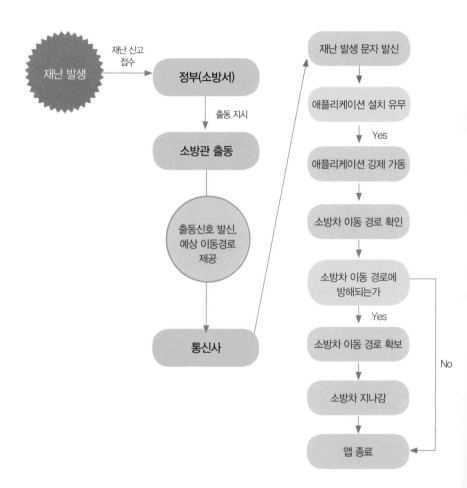

유 형	효 과
구조자 관점	● 피구조자에 대한 정확한 정보 획득 가능 ● 비상대피로 내 센서를 통해 대피로 확보여부 확인 가능 ● 피구조자와 실시간 커뮤니케이션 가능 ● 출동 지역 근처 앱 사용자가 경로 확보를 도와 구조시간 단축
피구조자 관점	● 앱을 이용해 대피로에 대한 인지가 부족해도 대피 가능 ● 구조자와 실시간 커뮤니케이션을 통해 원활한 구조 가능 ● 구조받지 못할 것에 대한 불안감 감소
통신사 관점	● 피난 애플리케이션과 사업적으로 제휴를 맺을 경우 　– 앱에 대한 수요 증가와 함께 통신사 가입자도 증가할 것 　– 수익창출을 위한 신사업 분야가 될 수 있음
산업적 측면	● IoT기술을 활용하여 스마트홈, 스마트팩토리 뿐만 아니라 　국가적 차원의 재난 관리를 위한 산업으로 자리매김 할 수 있음 　– 빠른 발명으로 실질적 효과가 입증된다면 효율적 재난관리를 위해 　세계 시장의 주목을 받게 될 것

발명으로
인명이 구조되기를 희망합니다

발명의 시작과 끝은 비즈니스

초판 1쇄 발행 2019년 4월 1일

지은이 김세영
펴낸이 변성진
편집인 김봉균
디자인 아이지컴
펴낸곳 도서출판 위
주소 경기도 파주시 광인사길 115(문발동 507-8)
전화 031-955-5117 ㅣ 팩스 031-955-5120
홈페이지 www.wegroup.kr

ISBN 979-11-86861-06-6 93320